DULCE SOTOLONGO CARRINGTON

NO ME HABLES DEL CIELO

DEL CIELO

Revisitaciones a un hombre
sincero de donde crece la palma.

UNOS & OTROS
EDICIONES

Título: *No me hables del cielo*
© 2018 Dulce María Sotolongo Carrington

Primera edición: Editorial Letras Cubanas, 2014
©De la presente edición: Unos&OtrosEdiciones, 2018
©Dulce María Sotolongo Carrington
Edición y Maquetación: Armando Nuviola
Ilustración de portada: Milton Bernal
Diseño de portada: Armando Nuviola
Ilustración de interiores: Jesús Lara Sotelo

UNOS & OTROS

UO

EDICIONES

www.unosotrosculturalproject.com
infoeditorialunosotros@gmail.com

LCCN: 2018914902

ISBN 10: 0-9998707-4-2

ISBN13: 978-0-9998707-4-7

NO ME HABLES DEL CIELO

Revisitaciones a un hombre
sincero de donde crece la palma.

DULCE SOTOLONGO CARRINGTON

UNOS & OTROS

UO

EDICIONES

Para mi madre, mi Leonor.

Para María y Encarnación Duret, por las confesiones martianas.

Para Mariana Serra, Maggi Mateo, Rita Martin y Sacha, por el elogio.

Para mis Ismaelillos: Clemente, Rayman y Gustavito.

Para Rogelio Riverón, la doctora Ortiz, Esteban Sotolongo y Reynaldo Duret, por el látigo.

Para Nieves Cárdenas, Elizeth Godínez, María del Carmen Sanabria, Alberto Menéndez, y mi esposo Gustavo Vega, por su complicidad y apoyo.

Para Michel Encinosa, el Gonzalo de Quesada, de esta historia.

Para Zuleica Romay, por todo.

*No, música tenaz, me hables del cielo! Es morir, es temblar, es
desgarrarme sin compasión el pecho! Si no vivo donde como una
flor al aire puro abre su cáliz verde la palmera,
si del día penoso a casa vuelvo...
¿Casa dije? No hay casa en tierra ajena!... Roto vuelvo en peda-
zos encendidos! Me recojo del suelo: alzo y amaso
los restos de mí mismo; ávido y triste, como un estatuador de un
Cristo roto: Trabajo, siempre en pie, por fuera un hombre,
¡venid a ver, venid a ver por dentro! Pero tomad a que Virgilio os
guíe... Si no, estáos afuera: el fuego rueda por la cueva humeante, como flores
de un jardín infernal se abren las llagas: Y boqueante por la
tierra seca
queman los pies los escaldados leños!
¡Todo fue flor la aterradora tumba. No, música tenaz, me hables
del cielo.*

JOSÉ MARTÍ

Índice

Prólogo / 15

Cuba, Leonor y la noche /19

La carta /22

Por esas mismas calles /27

La isla / 29

El viejo / 31

Tarde de amor en Zaragoza / 34

Noches sin Molino Rojo / 36

San Cristóbal de La Habana / 38

México / 40

Una historia para otro siglo / 42

Bendita Guatemala / 44

La boda / 48

Un diablo con levita / 50

El dolor de Cuba / 53

Ala rota / 57

New York / 59

Otra Carmen / 63

Soledad / 66

Aire de América / 67

Venezuela, madre / 68

Mariposas en estío / 70

Un día gris / 72

San Valentín / 74

Tallar en las nubes / 75

El castigo / 77

Clavar águilas / 78

Los porqués / 81

Descanso / 83

Lirios rotos / 85

Merry Christmas / 86

El arreglo / 87

Visiones blancas / 89

Separación / 91

Los lectores / 92

Vía crucis / 93

El grito / 95

La hora parece llegada / 96

El anillo / 98

Sol de invierno / 100

La velada / 102

Cuando una madre se va / 103

Hoy como ayer / 105

Gente menor / 107

Adiós / 110

Alma destrozada / 112

Camino de papeles / 114

Los espías / 116

Bon jour, Haití / 117

La Reforma / 119

La anciana / 121

Trago amargo / 122

Sin reposo / 124

Una carta / 125

La firma / 127

La travesía /129

Leonor y la noche / 131

Se cumple la profecía / 132

Prólogo

No me hables del cielo, háblame de la verdad

Un viaje de regreso a Ítaca, un viaje de regreso a Cuba. Una biografía de regreso a casa. Y todo está destinado a fundar Cuba. No me hables del cielo, háblame de la verdad. ¡Y la *verdad* la lleva adentro! Es el significado del poema que sirve de exergo al libro que intento prologar. Virgilio traduce en Eneas el mito del derecho a viajar, retornar y fundar. El hombre llega a ser verdad cuando nace por segunda vez, cuando ocurre el nacimiento espiritual, el nacimiento desde sí mismo. El hombre tiene que morir, y es lo que representa la muerte en Martí ante la mentira, ante lo irreal e inexistente para renacer en la verdad. En eso reside el proceso del despertar de la conciencia martiana: en trasformar el medio para reconocer la mentira. Creyendo en esa verdad, el amor, el vacío, el testigo, el médium de la eternidad y el universo toman cuerpo en este libro de breves relatos biográficos martianos. Toma cuerpo una poética de la memoria, la humanidad y el archivo martiano. Toman cuerpo la honestidad y el amor. Toma cuerpo la sensibilidad, traducida en literatura.

El amor no solo es un sentimiento que brota del interior; el hombre lo puede verificar a través del sentir, pero el amor tiene su origen fuera del hombre. Todo lo esencial que se plantea en este libro acerca de Martí, tal y como se expone en el drama teatral *Abdala*, gira en torno a la belleza de lo inexpresivo: *Abdala* se convierte en una varilla hueca para expresar el amor a la patria, a la gente; lo inexpresivo toma como símbolos la patria, la madre, la poesía, el destierro, la guerra, para mostrar el amor. El amor no es sustancial a una cosa; solo por la percepción martiana se traduce en la energía más sutil de la Conciencia universal. Por eso al hombre le corresponde el papel —muy pocas veces visto en la historia de la humanidad— de convertirse en un médium potencial de manifestación del amor en la tierra. Y Martí, como lo sugiere el libro, constituye una prueba auténtica y natural de que el amor concurre más allá del hombre. El hombre ha de transformarlo en presencia, realidad.

Estos relatos se desenvuelven en función de la belleza, de ese misterio que es la vida. Pero de lo inexpresivo, de lo que constituye el enigma del hombre martiano, la actual literatura ya no se ocupa. A la sazón este libro es una prueba de ello. La belleza y el amor, tal y como lo indicó Emerson en el ensayo El poeta, no deriva en el conformismo de la poesía. Y es sintomático que lo expresado por la autora en este libro, señale a través de la poética de los textos martianos la necesidad de que el hombre deje de ser un conformista de la sociedad. La poesía en este sentido no se puede separar de sus coetáneos, de lo contrario la verdad nunca será revelada. Pero lamentablemente, la literatura se ocupa de muchas otras cosas inexistentes en la vida cotidiana, en los símbolos y los significantes mentales de los sucesos históricos y de la variedad de formas fenoménicas de la percepción humana. Este es un libro que logra humanizar la figura de Martí.

Sin embargo, la actitud ante el misterio del sufrimiento y la salida a la poesía constituyen actos memorables en varios de los relatos. El acto de experimentar el misterio, la belleza y el amor no es el mismo al acto de conocer. Por el misterio no se piensa, sino se sufre. Y esta es una de las discrepancias más diáfanas que pueden distinguirse entre la razón por conocimiento y la razón por el saber. El presidio toca duro en el corazón de Martí y abre una brecha de actitud sobre el mundo de lo desconocido y lo incognoscible. Como uno de los mejores momentos del libro, el verso «No, música, me hable del cielo» juega con la brecha por donde Martí se escapó de la esclavitud. Mantenerse asombrado ante lo conocido era permanecer como uno de los mejores momentos del libro, el verso «No, música, me hable del cielo» juega con la brecha por donde Martí se escapó de la esclavitud. Mantenerse asombrado ante lo conocido era permanecer como un esclavo.

El otro factor, por último, es el tiempo. El amigo de la inconsciencia del hombre. El propulsor de la angustia existencial. Cuando se refiere a que «a mí, átomo encendido, que tiene la voluntad de no apagarse, de un incendio vivísimo que no se extinguirá jamás sino bajo la influencia cierta, palpable, de copioso, de inagotable, de abundantísimo raudal de libertades», Martí estaba siendo implacable contra la temporalidad creada por el yo. A Martí no le interesaba, cómo se deduce de las contextualizaciones de los restos, la inteligibilidad del tiempo para alcanzar el objetivo revolucionario. Con la inteligibilidad del tiempo sucede lo que con el átomo, que se apaga y el incendio eterno muere. Martí vivía del modo que pensaba Wiltman: «el mundo es siempre como es hoy. Basta con que una cosa sea para que haya debido ser, y cuando ya no deba ser, no será».

No me hables del cielo es un libro hermoso no solo por lo dicho anteriormente. Recoge muchas facetas de la vida del Maestro en forma de relatos literarios, cual piezas sueltas de un diario. Entre cartas, poemas, ensayos, se deja traslucir una vida de viaje odiséico. Todo lo que aparenta ser angustioso y *naif* en Martí no lo es: sólo el místico, el Maestro, el grande hombre, cae en momentos de angustia cuando faltan los medios que indiquen una señal sobre la verdad. Y este libro por amor a la patria —y no ridículo a la tierra— ha ganado el pan. Si profundizamos en el poema rimado que le escribe Martí a Serafín Sánchez meses

próximos a la guerra, hallaremos la tremenda preocupa-
ción por la necesidad de lo inexpresivo, que logra cultivar
este libro.

Ángel Velázquez Callejas

CUBA, LEONOR Y LA NOCHE

Leonor mira la calle, la luz del farol es apenas una mancha amarilla que no permite ver la casa de enfrente. Mariano está por llegar y entonces preguntará por su hijo. Pequeñas rugosidades surcan la frente de la mujer canaria, joven y hermosa aún, desgastada por el trabajo, las penurias y preocupaciones que nunca imaginó tener.

En este 22 de enero de 1869, San Cristóbal de La Habana arde. El grito de ¡Viva Cuba independiente! encuentra eco en la ciudad a la que ya no es posible mandar a dormir con un cañonazo. Leonor se deshace de la manta y bebe un sorbo de agua para aliviar la sequedad de la garganta. Piensa en el peligro, en la ira de Mariano si comprueba que el hijo anda en esos asuntos de política. Es el único varón y el dinero apenas alcanza para comer. Le duelen las piernas. Está cansada, se deja caer en el borde de la butaca, apoya la barbilla en el alfeizar de la ventana y se frota los ojos irritados de tanto escudriñar la niebla.

Los jóvenes se apresuran por llegar al Villanueva. Se estrena *El perro huevero*, y las muchachas atan sus cabellos con cintas azules. La noche anterior al finalizar la función se dieron vivas a Carlos Manuel de Céspedes. Temprano en la mañana, Leonor escuchó los comentarios.

—Pepe ha ido al teatro —asegura.

Pepe no ha ido al teatro esa noche. Tiene que aprovechar la libertad de imprenta que ha concedido el gobernador Dulce para echar a volar algunas de sus ideas. *El Diablo Cojuelo* fue bien recibido y, aún con el sabor de la tinta, prepara *Patria Libre*. Quiere trabajar para que nada le falte a su familia, pero desea partir a la manigua y se pregunta en un poema si le debe más a Cuba o a Leonor.

La imagen de la manigua, el tiroteo, las voces de combate asaltan el breve sueño de la madre. Las niñas duermen y la Chata cabecea en una mecedora. —Cuida a tus hermanas, hija —grita, mientras tira de la punta del chal y echa a correr porque *él ha ido al teatro* y sabe que el metal amenaza la entraña de su hijo. Lo siente en ese dolor que crece, que no la deja respirar porque es el mismo de cuando perdió a María del Pilar. Un sufrimiento sin nombre, vacío, locura y carrera entre la multitud despavorida. El frío viene unido con la lluvia que golpea su rostro y pega el cabello a su frente. Hunde los pies en los charcos y alcanza un coche que baja por la esquina contraria. Da las señas al cochero y salta al pescante con increíble agilidad. En cada sombra que vislumbra le parece encontrar la figura de su hijo. Las manos frías, la respiración agitada. ¡Pepe está en peligro, y ese caballo que no corre!

Por un segundo el coche se detiene, su conductor la mira entre preocupado y dudoso:

—Si busca al muchacho, lo he dejado hace un rato en la casa del maestro Mendive.

Leonor no contesta, los músculos de su rostro se relajan, mientras el cochero azota el caballo que, tras un largo soplido, se apresta a cambiar el rumbo.

> *Pasa, entre balas, un coche:*
> *Entran, llorando, a una muerta: Llama*
> *una mano a la puerta*
> *en lo negro de la noche.*
> *No hay bala que no taladre el portón y*
> *la mujer*
> *que llama, me ha dado el ser: Me viene a*
> *buscar mi madre.*

Se abre la puerta. José Julián se pone de pie, intenta alisarse el cabello, compone la solapa de la chaqueta, bordea los bolsillos y no logra guardar el papel. Termina por estrujar la página donde ha escrito: *El amor, madre, a la patria, no es el amor ridículo a la tierra.* La torpeza de una arruga se insinúa en la frente de Leonor, ella está ahí para custodiar al adolescente cogido en falta. Él no sabe qué decir, cómo mirarle.

Antes que el tiroteo, los gritos y esa dichosa libertad de prensa lo arranquen de sus ojos, lo abraza y dice:

—¡Vamos, pronto, vamos, hijo!

La carta

El colegio San Pablo ofrece un panorama desolador después de los sucesos del Villanueva cuando los voluntarios tirotearon la casa. Las sillas están tiradas por el piso, la pizarra de lado amenaza con caer. Los libros y carpetas desperdigadas por la habitación. El polvo señorea. El joven Martí pide al negro Salvador que vuelva a pasar la esponja a los muebles. Él mismo tiene que dejar de ordenar los textos por su materia y ponerse a limpiar, quiere que todo brille para cuando regresen Micaela y el maestro de Guanabacoa.

En la casa de los Martí falta un comensal a la mesa y Leonor se niega a servir la comida. Mariano se levanta, irá a buscar a Pepe que otra vez está ausente. Se apresura a tomar el tranvía de las 11.

El portón de Prado 88 está abierto de par en par. El padre no se asombra de encontrar al muchacho con el pantalón torcido más allá de la rodilla, la camisa mojada se pega al cuerpo, en la mesa el raído sombrero muestra visos de cansancio, el hijo parece un marrano.

—Mira la hora que es, Pepe, tu madre te está esperando.

La expresión de su rostro no tiene la dureza de los últimos tiempos; cuando le llama Pepe, todo está en calma, el muchacho aprovecha la ocasión y casi ruega:

—El maestro Mendive vendrá de doce y media a una, déjeme esperarlo, por favor, necesito conversar con él algunas cosas.

El padre lo toma de la mano y trata de componer su cabello, a pesar del frío seca con su pañuelo el sudor que se le ha acumulado en la frente y, con cariño, le dice:

—Vamos un momento a las tiendas, ya es hora de comprarle nuevas camisas y a ver si encuentro un sombrero que le acomode, no quiero que nadie le vea así.

Leonor le dice a la Chata que sirva la mesa, ya se va siendo costumbre la ausencia de Pepe.

Poco tiempo logra mantener el colegio San Pablo las puertas abiertas después de la limpieza de Pepe, se cierran en los primeros días de abril. El escenario es crítico, hay muchas detenciones. Rafael María de Mendive ha sido confinado a un pueblo llamado Pinto, en Madrid.

La situación en la casa es tensa, Mariano teme por el hijo y decide apretar la mano. Basta ya de contemplaciones, el dinero apenas alcanza para mantener la familia, ya es hora de que José ayude, para algo tiene que servir lo aprendido en el colegio, al que si se pudiera volver el tiempo atrás no lo mandaría.

José Julián comienza a trabajar como dependiente de diligencias en el escritorio del profesor Felipe Galves, situado en Virtudes e Industria. Tiene facilidad para escribir cartas y llevar la papelería del lugar.

No resiste tanta burocracia… No debería estar sentado en un buró como una señorita, sino de pie o a caballo en la manigua. En su casa la situación es tensa. Se siente perseguido. Le molesta Mariano diciéndole cosas y apareciéndose en todos los lugares, pasando revista a sus amigos como si estuviera en la milicia. Amenazándolo con volver a España para siempre. Escucha a Leonor regañando a las hermanas que no se cansan de chacharear, aguza el oído, María del Pilar tose y lo llama, lo llama y tose. Ha pasado el tiempo desde que su hermana murió, pero no puede ahuyentar el dolor de su pecho. Sin el maestro, cómo continuar viviendo. Mira el arma del padre y piensa en halar el gatillo. Las palabras de Leonor lo sacan de sus pensamientos.

—Hijo, ha llegado carta de Mendive.

La carta le habla de la libertad, de lo que los jóvenes deben hacer por el país. Está predestinado a una causa mayor, no le pondrá oídos a las palabras de Mariano. En la cama todas las mañanas aparece una mancha amarilla, obstinada, que trata inútilmente de desaparecer.

Son pocas las noticias que llegan del Oriente, no se sabe nada de Céspedes, ni de cómo se sostiene un ejército formado por terratenientes, campesinos y esclavos. Los voluntarios están que cortan, son como perros falderos de una España que ha empezado a perder su poder en la isla.

José trabaja de seis de la mañana a ocho de la noche para ganar apenas cuatro onzas que íntegramente entrega al padre. Está muy cansado, pero aún le sobra tiempo para escribir.

El comentario de última hora es Carlos de Castro, el compañero de escuela, se ha unido a los voluntarios. No puede dormir, debe pasar un cable a New York, le ha prometido a La Chata llevarla a la fiesta de las hermanas Martínez. Toma de la mesita de noche el relicario con la foto de Leonor, la otra cara permanece vacía, no va a poner el retrato de Mariano con sus ojos inquisidores, es el lugar para el rostro amado del maestro, si supiera lo de Carlos qué diría, perdonaría esta traición, le perdonaría a él no haber hecho nada. Se sienta en el escritorio:

Compañero:

Has soñado tú alguna vez con la gloria de los apóstatas. Sabes tú cómo se castigaba en la antigüedad a la apostasía. Esperamos tu contestación, que no puede faltar a su patria ni a sus deberes como ciudadano un discípulo de Rafael María de Mendive.

Te abraza

José Martí.

Fermín Valdez Domínguez, su mejor amigo, le reprocha el haber escrito solo la carta, pone su firma al lado de la suya y promete entregarla en la primera ocasión.

Nunca llegaría a su destinatario, poco tiempo después los voluntarios españoles de la Escuadra de Gastadores del Batallón de Ligeros irrumpen en la casa de los Domínguez. Revuelven las gavetas, registran los escaparates. Allí en el escritorio hay un sobre. Uno de los jóvenes apenas entiende el contenido, pero se habla de deberes como cubanos, es una carta insurrecta, la toman como trofeo de guerra y la entregan en la comisaría.

Martí se alista para llevar a Ana al baile, en realidad la que más interés tiene en salir es La Chata. Leonor mira con orgullo a sus hijos y trata de calmar a María del Carmen que insiste en seguir a los hermanos. Tocan a la puerta bruscamente. Leonor, con el temor que la acompaña siempre, abre, quién será el maleducado que toca como si fuera su casa; un joven voluntario pregunta dónde está José Julián Martí. Ana y las demás niñas rodean al hermano que, con gesto cariñoso y voz firme, responde:

—Aquí estoy.

Una sombra triste cubre la casa de la familia Martí. Un luto extraño se adentra en las habitaciones. Nadie enciende las palmatorias, ni la luz de carburo que ilumina la pequeña sala y alcanza con sus destellos la cocina donde Leonor se despoja de la manta que le quema el cuello y los hombros. La llama se niega a brotar. Escarba la ceniza, mueve los leños una y otra vez, las manos salen disparadas y la blasfemia se le hiela en los labios.

—Mal…

Se chupa los dedos para aliviar el dolor. Sopla los carbones y oculta su rostro en el humo, buen amigo que justifica el color rojizo de sus ojos y el llanto cuajado en sus pestañas.

Ana se esconde bajo la almohada, las pequeñas hacen pucheros junto a la ventana. Pepe no vendrá con las noticias del teatro y los comentarios de la tienda de don Salustiano, tampoco habrá juego de palabras nuevas y extraños acertijos.

Mariano llega muy tarde, la mirada esquiva, el paso lento sin hacer sonar las espuelas de sus polainas. No necesita avisar a Leonor para que excuse la ausencia de Pepe en la mesa. Un reproche sobre el punto del guiso justifica su inapetencia. Se va a la cama sin decir que extraña al hijo.

POR ESAS MISMAS CALLES

E l tobillo sangra, un dos tres, los pies, más que caminar, parecen contar cada adoquín, un dos tres, la mirada se pierde en el mar que esta tarde es gris, como sus ojos. El pico en la mano, el grillete en el pie, la sombra de Leonor asomada a la ventana, el látigo sobre la espalda, un dos tres. Las niñas juegan a la gallina ciega, un dos tres, el bochorno del sol al mediodía. Hace solo unos meses, por esas mismas calles paseaba junto a Fermín.

Es de noche, los quejidos se visualizan. Trata de ver en la oscuridad, palpar el dolor. Mira hacia arriba, busca a Dios en la bóveda, solo hay quejidos. El llanto de un niño se confunde con el del anciano. Su voz se apagó al oír los gritos de Lino, al permitir la lenta muerte del viejo Nicolás Castillo. Quería lanzar su escuálida figura contra el brigada, pero el miedo lo hizo cómplice, y ahora es uno más tratando de conciliar el sueño en la humedad.

Otra vez Leonor en la ventana. Sus pies no se detienen a contar cada adoquín, pide, suplica, toca puertas para sacarle de ese infierno. El ruido de la máquina de coser no cesa. Cada visita desgarra, no soporta ver al padre arrastrándose para cuidar sus heridas, colocándole en la úlcera del pie derecho las almohadillas confeccionadas por la madre que aumentan el dolor, dolor de cal que ni la lluvia es capaz de aplacar.

El hombre de la cicatriz en la cara y los dientes renegridos pasa su lengua por los labios cuando ve a La Chata, está a punto de ir junto a él y pedirle cuentas, pero el viejo Castillo lo detiene, la mente del preso es peligrosa. Sus hermanas casi no le reconocen pelado al rape, arrastrando el grillete con aquel uniforme con el número 113. No las quiere en ese sitio.

Las canteras son duras, el sol fuerte produce fatiga mental. Se ve en la manigua, disparos, latigazos, el ruido del pico sobre la piedra. Su padre le habló de las gestiones que hace para sacarlo, y siente vergüenza por Lino, Castillo, y por tantos otros. Escucha el llanto de un niño, le pide por favor que pare. Es Lino que ruega por agua y no sabe qué hacer para que se sostenga en pie. Pregunta su edad y se espanta, sin pensar que él mismo es un niño. Las horas se hacen largas. La enemiga es España, a la que no sabe odiar porque el odio no cabe en su pecho.

LA ISLA

Noche. El amanecer llegará sin prisa, y para entonces el *Guipúzcoa* ha de estar a unas cuantas millas de Cuba. José Julián está solo en cubierta. Los pasajeros de tercera duermen en las bodegas para evitar mareo; los de primera, acostumbrados a viajar, juegan cartas o beben el buen vino que les obsequia el capitán. Acodado en la baranda mira la sombra oscura que atraviesa la máquina provocando un ruido sordo que ahuyenta los peces.

Cada ola perturba. La génesis del nombre del buque se antoja indio. Piensa en la paradoja de una conquista al revés, donde Hatuey iza banderas en Palos. Mañana será otro día, la partida dejará de ser pesadilla y tendrá tiempo para escribir y leer, aunque solo vea cielo y mar durante las semanas que demore la travesía. Leonor siempre está en su mente. El consuelo de verlo algún día transformado en abogado aplacará un poco la pena. En el destierro, España dolerá más que nunca.

Todavía arden los ojos por la cal, ese polvillo blanco que vuela cuando la piqueta desprende los cantos. A ratos lo sacude la tos y el ardor de las piernas inflamadas.

El mar está quieto, la luna ha aparecido de repente en el centro del cielo. Las olas se estrellan contra el barco, la espuma parece una copa de champaña en fin de año. Mariano luce una levita recién planchada y Leonor está vestida de azul con su única joya, un viejo broche traído de Canarias. Él acomoda su mano en la cintura, ella posa la suya en el hombro de él, se pierden en los acordes del vals. Las niñas querían, todas a la vez, bailar con el hermano. Sus pasos son torpes, sus pies no se hicieron para el baile, tienen la capacidad de pensar, un dos tres, contar cada adoquín de la calle donde perdió más de un jirón de su carne.

La noche se cierne sobre cubierta, pero siempre hay una luz. Una silueta se detiene y lo hace palidecer. El rojo invade las mejillas cuando reconoce al teniente coronel Mariano Gil Palacio, y regresan los gritos, los latigazos, la cal, siempre la cal, que esta vez no le hará cerrar los ojos, y los labios se abren para gritar: ¡Asesino!, bien alto para que toda la tripulación escuche.

El viejo

El muelle de Cádiz está concurrido, José. Hace frío, el mar se arremolina contra los arrecifes de la costa y la espuma salada baña a hombres y mujeres que pasan indiferentes. Cuesta encontrar la cara amiga de la que te habló tu padre. Nadie se fija en el joven pálido y delgaducho a pesar de su chaqueta nueva y la pequeña valija que lleva repleta de libros y papeles.

Miras hacia el sol, no es el mismo, le falta la majestuosidad de otras playas, la alegría del canto del sinsonte. La neblina asienta su reino sobre los caprichosos castillos de reyes que se niegan a desaparecer.

Madrid es una de las ciudades más bellas del mundo. Vives en una pensión bastante barata con ventana a la calle, baño y buena limpieza, donde la dueña, una gallega, no se cansa de atiborrarte de comida. —Porque estás más flaco que un galgo en desgracia. Siempre hay queso, postre y una botella de vino. Nunca falta en la mesa el picatoste para acompañar el café. El pudín de calabaza con panetela te hace muchacho que golosea la cazuela, pero extrañas a Leonor, su bacalao con papas tiene un sabor diferente, su fabada. No hay como la sazón de una madre.

Eres libre, nadie te dice lo que has de hacer. La volanta se interna en la ciudad y te conduce a la Puerta del Sol. En lo de Dibá te haces un retrato miniano para que tu madre vea cómo has engordado. Al salir vuelves a paralizarte como ante el lente, cuando te roza la mantilla de una mujer que parece un dibujo de Dios.

—No hay cámara capaz de captar tanta perfección —le dices perdiéndote en sus ojos.

—Ni el azul de tu mirada —te responde con una atrevida sonrisa.

—Te llamas Marina, porque tienes todo el encanto del mar, ¿eres mujer o sirena?

Se te olvida que tus amigos te esperan en el Café de la Montaña y por varios días dejas de escribir tus artículos para *El Jurado Federal*. Solo hay lugar en tu cabeza para M. No sales de la calle Mayor.

Pasear en el tranvía en los coches arrastrados por mulas, recién estrenados en la ciudad, acompañado de M., es como volar en Pegaso al lado de Afrodita. Nunca le dijiste que a los 18 años era tu primera vez. Era un amor de mañana de esos que se degustan sin prisa, ella con la sabiduría de quien ya conoció la carne. Tú con la voracidad de los que tienen hambre. Descubre para ti un lunar en tu mano, besa primero tu frente y cuando llega a tus pies se detiene en el negro verdugón que no para de supurar, lo besa, solo el amor ve lo feo bello, no siente el hedor de la llaga, calma un poco el mal de tu carne, ofreciéndote aquella piel lozana. Tú la penetras una y otra vez con todo el fervor de tu adolescencia. El dolor no se va, solo se esconde, se metamorfosea, se paraliza en el cardenal de tu espalda. Entonces el látigo castiga la fresca piel de Lino y la maltratada piel de Castillo y recuerdas que eres un extrañado de la Isla. No sería la Madrileña quien detendría tus pasos.

Te molesta esa España tan ajena a los sufrimientos de tu Isla, los falsos liberales, los republicanos pusilánimes y los integristas. Esa España tan injusta, tan indiferente, tan semejante ya a la España repelente y desbordada de más allá del mar. España no puede ser libre mientras tenga en la frente manchas de sangre.

Tratas de perderte en el derecho romano y la palabra justicia te hace sentir *un gladiador que no teme a las fieras.*

Haces de cada tribuna una calle y de cada calle una tribuna. Hablar te impide sentir el eco de una república que habrá de traicionarte.

Enfrentarse a la hoja en blanco es un reto para ti. Tratas de huir de un nombre, pero escuchas ese sonido amargo que no puedes olvidar. El sonido del látigo, del pico en la roca, el quejido del dolor infinito del presidio, el más devastador de los dolores, el que mata la inteligencia y seca el alma, y deja huellas que no se borrarán jamás como el sarcocele producido por las cadenas del presidio al que enfrentas en franca lucha en las camillas frías de los quirófanos.

Necesitas escribir un drama sobre una mujer adúltera. Hay que comer, hay que tener dinero para pagar los estudios y, si es posible, ayudar a la familia. En la esquina de tu cuarto hay un gigante ensangrentado, magullado, que llena setenta y seis páginas del libro de los Tiempos, que es la negación viva de todo noble principio y toda gran idea. Quién es bastante cobarde o bastante malvado para ver con temor o con indiferencia aquella cabeza blanca, tiene roído el corazón y enferma de peste la vida. El viejo está ahí, espera, espera, mientras toma tu mano y escribe un nombre sobre el papel: Castillo.

Tarde de amor en Zaragoza

El río Ebro invita sosegarse esta tarde, tarde de calor en Zaragoza. El río es agua dulce que corre por tus venas como el primer beso de amor que debería ser eterno. Eres un estudiante universitario que se pierde en esta ciudad de iglesias y catedrales, donde San Pablo, Santa Engracia y, sobre todo, Nuestra Señora del Pilar, parecen vigilarte.

Es 1873, por fin eres Licenciado en Derecho Civil y Canónico, no te conformas; tiempo después te gradúas de Filosofía y Letras, tus padres estarán orgullosos.

El sol es algo más que lumbre en el horizonte. Blanca se mira en tus ojos color río y sonríe; tú, que no sabes mentir, callas para no hablar de regresos. Es bueno imaginar la vida así, entre paseo y paseo, olvidar el dolor de la úlcera que se ha tatuado en tu pie, pero Cuba te solicita en la figura de Fermín, Leonor manda por ti, ella está en México sin saber qué hacer con la familia, las enfermedades y la muerte.

La cal arde en tus ojos, pero no sientes dolor ni ganas de protestar. Esta tarde, no hay lugar para nadie. Prefieres perderte en los brazos de Blanca Montalvo y vivir, para la muerte siempre hay tiempo.

Te sedujo la soltura de su andar y esa sonrisa que brotó de sus labios cuando, con ese donaire de caballero, recogiste el pañuelo que el aire amenazó con llevar.

Ahora estás con ella aquí, en la ribera del río. Con una mano le ofreces la violeta que traes escondida en tu chaleco, con la otra sostienes su barbilla. Con presteza que se te antoja inusual, desatas el nudo, la pañoleta se pierde entre las hierbas, y su largo cabello abanica la tarde como palma acariciada por el aire.

Quisieras bailar, tomarla en brazos y danzar sobre las alfombras de un iluminado salón. Tu mano se posa en el talle fino, encarcelado bajo el corpiño, ella toma la tuya, y llevados por armoniosos acordes los cuerpos giran una y otra vez.

Blanca se tiende sobre las espigas. Acodado sobre el pasto, José Julián besa el cuello que sus manos liberaron y con el índice dibuja sus labios de mujer hermosa. Una sombra cruza el rostro de la muchacha. Abandonas el deleite de la caricia y miras al cielo. El vuelo montaraz y taimado del águila se detiene sobre las nubes y el azul cristalino de la tarde. La rapiña duda entre seguir o lanzarse sobre sus presas. Tu cuerpo se estremece. *Ningún río podrá matarte, solo uno que sean dos*, predijo una gitana.

Blanca no repara en la torpeza del ave, desata el cordón del corpiño y te ofrece sus pechos. Son palomas prestas a alzar vuelo. Prefieres dejarlos, ver cómo se pierden en la bruma, y recordar siempre ese pedazo de España donde amaste a una mujer.

Noches sin Molino Rojo

El Sena huele a podrido. París *est tojours* París, aunque *la tour* Eiffel aún no amenace con ser eterna. El boulevard invita a un paseo. Toulouse-Lautrec falta en las noches de Molino Rojo, pero Francia tiene el sabor del arte en los versos de Auguste Vacquerie, una sonrisa en la musa de la poesía.

Nieva mucho, el frío te hace añorar el calor de Marina. En la pensión de Madame Blanche el movimiento continuo se confunde con el de la casa de huéspedes de Félix Sanz, allá en Zaragoza. Te tomas una copita de Oporto para calentar los huesos. Miras la copa a trasluz y ves el rostro de Marina por las mañanas con esa frescura que solo da el amanecer. El niño duerme en la cuna, inocente de ese apasionado beso que ahora das a su madre. Ella deja caer el refajo como respuesta. Es una maja, liberas su cabello rubio de la peineta y pasas tu nariz por entre sus pechos para llenarte de ese olor que te invade. Añoras su beso de mujer española, sus pechos, sus caderas de madre joven.

El cucú del reloj te saca del ensimismamiento. Vas al escritorio, necesitas volcar en el papel ese fuego, avivado durante cuatro años, y hacerlo llegar a Madrid.

De la hoja parece salir un quejido: ¡Ah, Pepe de mi vida!, pero aún espera por el sello la epístola que le escribiste a Blanca, tu novia, tu Blanecha, no sabes qué hacer ante la severidad, los Montalvo, la complicidad del abuelo y sus celos de colegiala. Te desdoblas entre el amor de las dos mujeres. Temes confundir las cartas.

La fiebre realmente se apodera de tu cuerpo, el dolor de la úlcera es casi irresistible. Cierras los ojos, y la brisa que entra por la hendija de la ventana trae olor a lluvia fresca, piensas en Leonor, en sus almohadillas. Te quitas la venda de la llaga y el rosado de la piel se está tornando negro, apesta, tiene el mismo olor que desprendían los cuerpos purulentos en la galera, olor a carne podrida, olor a muerte. Temes que la gangrena gane espacios, temes por tu pierna. Las manos de Simón en Zaragoza evitaron el fatal desenlace, el negro limpió tu herida con la firmeza con que una vez tomó el machete y, con la misma devoción con que lustra los zapatos en el arco de la Sineja, quitó el pellejo putrefacto y el pus hasta ver sangre en la carne nueva, como no pudo hacerlo Mariano… arde, arde mucho, casi te desmayas, pero hay que evitar la infección.

El Arco de Triunfo te aplasta. Es un alarde napoleónico que se apodera de la ciudad de los poetas. Miras la bisoña Catedral de Notre Dame, sus piedras aún no pueden contar una historia, le falta el pregón en sus esquinas, los negros, las mulatas merodeando, el sabor de tu ciudad.

No te pierdes una obra. Visitas los museos y te estremeces frente a Víctor Hugo. Caminas por las calles adoquinadas que tanto te recuerdan a La Habana, donde otro Julián corre el riesgo de morir de tristeza. Es hora de volver, lo sabes. París ha de quedarse esperando.

En tránsito a New York visitas Liverpool, ciudad gris. Te paralizan las máquinas, el movimiento de un mundo demasiado moderno para ti que vienes de una ciudad donde aún el látigo hace parir azúcar. Y la cal, siempre será la cal.

SAN CRISTÓBAL DE LA HABANA

La Habana, desde la bahía, parece una quieta ciudad, hay una paz que molesta en un amanecer en que el sol se quedó dormido. La Alameda invita a pasear de la mano de una muchacha, a escuchar las confesiones de tu gran amigo.

Fermín confía más en ti, que en el cura hipócrita que dice ser su benefactor. Sabes de historias ocultas, conoces cuánto hay de vil en el alma de alguna gente, tu amigo también piensa, y sus dudas, de seguro, habrán de hacerlo sufrir. Qué sería de ti, sin los desvelos de Leonor por tus estudios y el afán de protegerte. Serías el mismo José Julián si te faltara el rigor de Mariano y el amor de tus hermanas. Es grande Fermín, muy grande tiene que ser para sostenerse en la vida sin saber de dónde vienen sus raíces. Tú al menos tienes un apellido y no la incógnita de los Valdés.

Después de tan larga ausencia sientes deseos de caminar por el Prado, detenerte en el número 88. Visitar la casa de Rafael y Micaela, Marianao, Guanabacoa, el Liceo o simplemente la acera del Louvre. La Habana es solo una escala. Te sorprende no escuchar los gritos de ¡Al combate! Te duele el silencio, la hipocresía citadina, sabes que allí se conspira.

Tienes apenas 22 años y eres un experto viajero. Naciste bajo el signo de agua que te llevará una y otra vez por los mares, ya sea en el *Guipúzcoa* o en otros vapores como el *Celtic* o el *City of Merida.*

Es enero y sientes frío. El barco gira en torno a la bahía y toma rumbo hacia el océano. Impaciente, vas de un lado a otro de cubierta y llenas los ojos con la imagen cercana de la ciudad. Te niegas a escuchar el pregón que te llega en el rumor de las olas y ese olor a café que invita a bajar la escalerilla. Todo ha cambiado. Tus hermanas se te hacen mujeres. María del Pilar y Lolita, serán niñas eternas en el adiós desde sus tumbas.

España, París, New York, ninguna ciudad logró detener tus pasos, pero La Habana sí te conoce. Paula, la calle que te vio nacer, sonríe desde la Alameda.

MÉXICO

Veracruz te recibe, el sol asemeja un leopardo agaza-
pado. Hace solo tres meses que murió Juárez, pero la
naturaleza no sabe guardar luto.

La tierra se abre a los pies, honda, verdeada a cuartones,
a fajas verdes, verdeoscuro, amarillo de oro, con su verdor
crespo en la tierra negrusca, con su hilo de techos y árboles
por lo largo del camino, y los montes alrededor, prendida la
sombra de un pico a otro o cogida de un hombro, como si de
cada uno fuese a asomarse al valle la naturaleza. La india
del reboso azul, ofrece por la ventanilla un cesto de granados.

En Buena Vista, tu padre espera, ves en sus ojos el mismo dolor del presidio. Sin saber por qué, el nombre de Ana
viene a tu mente. Te dan ganas de lanzarte ante el tren que
continúa su marcha. No es la primera vez que piensas en el
suicidio, pero si ayer fue Rafael, tu maestro, hoy será Manuel Mercado, un nuevo amigo, quien habrá de detenerte.

Ya en la casa de la calle Moneda puedes abrazar a las
chiquitas que te rodean y preguntan por el mundo.

—*El mundo está en los brazos de una madre* —contestas.

Manuel Ocaranza, novio de la ausente, te enseña un
cuadro, donde su musa aparece con flores en la frente y
una estela de luz que brota de su cabeza. La imagen te inspira aquellos versos que escribiste para Ana, tu hermanita
preferida, *virgen sin color de la pureza.*

La pluma espera por ti para alimentar a la familia; aún
no hay tiempo para la poesía. Anáhuac u Orestes, son los
seudónimos que utilizas para encender tu prosa.

Hace tiempo que no rezas, la bella Rosario clama por
ti en las noches mejicanas. El sarcocele te llevará de nuevo
al quirófano. La fiebre te consume. Fiebre de cal, de mujer que te hace suspirar y escribir cartas de amor donde

confiesas: *Si pienso en V. por qué he de negarme a mí mismo que pienso, y dices: Mujer mía es más, mucho más que mujer común.*

Cuidado, José, no siempre amor con amor se paga. Aunque te aplaudan en el teatro y Conchita Padilla te entregue una corona de laurel, el amor está en otra parte.

Eloísa ya pasa de los treinta, te sigue seduciendo el encanto de las mujeres maduras, es enigmática y está acostumbrada a los aplausos. El telón se abre y otra vez estás en escena, representas muy bien tu papel de hombre maduro que sabe cómo impresionar a una mujer. El teatro Principal te abre sus puertas, pero Eloísa no acude a la cita, te espera en su casa, no sabe qué hacer contigo y ese amor oculto. El amor está en otra parte.

Al doblar la esquina, en esa casa donde acudes por las tardes a jugar ajedrez, más de un jaque recibes y apenas te das cuenta. *Es tan bella esta Carmen, es tan bella que si el cielo la atmósfera vacía dejase de su luz, dice una estrella que en el alma de Carmen la hallaría.*

Acaso sabe la camagüeyana lo que se esconde en tu pecho. Serás honesto con ella, o le hablarás de amor junto a las ruinas de Tenochtitlán, y navegará en tus ojos de río para sucumbir en tus brazos como un día lo hizo la princesa.

Una historia para otro siglo

Visitar Guatemala es un viejo sueño. Viajar en canoa seduce tu espíritu aventurero. Desde que conociste el mar, José Julián, sabes que tu destino es el río. Es difícil reconocerte cuando afirmas:

—*El primer deber de un hombre de estos días es ser un hombre de su tiempo.*

Tu canoa se remontará hacia un lugar de América donde un hombre sufre hambre, el peso de la mochila, la frialdad de las montañas. El aire falta a tus pulmones sin lograr detenerte; mientras te alejas, él se acerca más a ti, pero esa historia es de otro siglo.

Los pueblos de pescadores tienen esa identidad que les permite repetirse en cualquier lugar del mundo. El olor a mariscos de Jolbos te recuerda el puerto de Batabanó. Carmen junto al fuego, tú con los arreos y el morral vacío y una biajaca colgada del anzuelo, exquisito manjar que cocerán las brasas en la noche. El sueño se desvanece en la espuma. Vuelves a la canoa y partes rumbo a Contoy. El silencio y las enormes tortugas del islote te hacen sentir un Robinsón, pero no has de naufragar en esa orilla.

Es un islote de una o dos lenguas de extensión, habitado exclusivamente por gran cantidad de pájaros diversos, que en enormes bandadas recorren por la costa; parecen en su carrera ondas negras desquiciadas. Ya son rabihorcados ligeros, ya buchones alcatraces, ya albas garzas, ya picudos zaramaguyones.

En Islas Mujeres, las huellas de los cangrejos te llevan al sabio Le Plongeon, un poco *hidrólogo, un poco arqueólogo, locuaz y avaricioso, industrial de la ciencia*, que ha estudiado para hacer comercio de ella. No cumple con el precepto árabe de hacer un libro, plantar un árbol y tener un hijo, pero sus cabellos blancos atesoran una corona de sabiduría.

La bahía es pequeña, mientras bebes un delicioso vino dulce y saboreas la uva gomosa, parecida a la caleta cubana, en compañía de un pescador, se te ocurre que *en sitios como este no es posible la muerte.* El olor del aceite de caguama y esa mujer de piel atezada y melena oscura hacen que Tulipa, orgullosa como Chichén Itzá, reluzca entre las ruinas.

La alegría de los negros de Livingstone invita a participar en la fiesta de la plaza. *Son locuaces con la lengua, con los ojos, con las caderas, con las manos.*

—Mi niráju, mi niiráju —dice Baba, la sin edad, y sin quererlo el negro del presidio viene a tu mente. El pobre Juan de Dios con esa risa bondadosa, franca, llena, peculiar del negro de nación. El siglo se apoya en él.

El agua mansa, limpia, sucia o revuelta termina por agobiar tu espíritu. Un poco de ejercicio es bueno para tus músculos endebles. Subes y bajas lomas. La fiebre te traicina, la voz de Leonor que no se cansa de pensar en ti:

—Cuidado hijo, estás débil. Descansa, Pepe…

La úlcera sangra, el dolor de la pierna es insoportable. En tu delirio, la selva es el mundo. Los mayas se confunden con los incas; el quetzal con las cotorras.

Bendita Guatemala

Guatemala es una de esas regiones benditas —hechas como para aplacar la ardiente sed de los hijos de los países viejos, —y para comprobar la perpetua frescura y la generosidad maternal de la naturaleza.

Paseas por las calles de la Asunción, la avenida Cuarta Sur te lleva a la escuela Normal. José María Izaguirre, director de la escuela, conoce *El presidio político*, es bueno saberse leído, más aun, si lo hace un amado bayamés que te protege, como una vez lo hizo Rafael Mendive, de él aprendiste el arte de enseñar. *Educar honra,* por eso estás de pláceme cuando te contrata como maestro.

Mayo es un mes de fiesta. Las flores lucen sus mejores galas en el jardín de la Escuela Normal. Mes de amor que, sin tu Carmen, puede resultar enero.

Las malas noticias ensombrecen la primavera. Por la fría esquela de *El Monitor* conoces la muerte de Manuel, el hijo de Mercado. Arrugas el papel. Tus ojos van del azul cielo al gris de las tormentas. Un águila vuelve a pasar el mar.

Un susurro llega a las reuniones y tertulias de los Granados. Además de sabio y poeta, comentan tu facilidad para hablar.

—Solo tú puedes hacerlo, José —dice alguien.

Convertir en drama una leyenda de otra tierra, es difícil en estos días en que Céspedes se te revela como un patriota, *las glorias no se deben enterrar sino sacar a la luz.* Y de momento tu alma rebelde se conforma: *Seré cronista, ya que no puedo ser soldado.*

Coincides en un almuerzo con el poeta bayamés José Joaquín Palmas. *En sus versos no corre el aire frío del Norte; no hay en ellos la amargura postiza de Byron, el dolor perfumado de Musset,* aprovechas para anotar lo que cuenta sobre Céspedes y su ciudad después del incendio. Su poesía trae el olor de tu tierra, el rumor del árbol, el rocío lejano y el galopar de un caballo que se niega a cruzar dos ríos.

Las manos de Guatemala se levantan para saludarte, aquí podrás vivir junto a tu Carmen.

En la Escuela Normal hay agitación esta mañana. Las alumnas estrenan nuevo profesor; el joven cubano, que ya ha dado muestra de su elegancia y buen decir, imparte su primera conferencia.

La clase está llena, hasta los profesores de otras materias le han hecho el honor de ser todo oído, un poco por admiración y también para saber cómo le va al extranjero en su primer día de clases.

María Granados está sentada en primera fila, le cuesta trabajo reconocer al joven dicharachero y locuaz que participó en el almuerzo en su casa. Sus ojos no tienen el color pardo de la última velada, ahora son verdes, la frente se le antoja más ancha y parece más alto en el estrado. No hay altivez ni orgullo en la hija del general que fue presidente, solo curiosidad.

Ni una mosca se atreve a molestar cuando el maestro comienza la clase.

—*Hace dos mil quinientos años era ya famoso en Grecia el poema de la Ilíada. Unos dicen que lo compuso Homero, el poeta ciego de la barba de rizos, que andaba de pueblo en pueblo cantando sus versos al compás de la lira, como hacían los aedas de entonces. Otros dicen que no hubo Homero, sino que el poema lo fueron componiendo diferentes hombres...*

—Se arriesga el cubano —comenta el profesor de literatura Gustavo Hurtado, quien escucha a hurtadillas—, mira que entrar en la polémica sobre si es o no Homero el autor de la *Ilíada*.

María escucha ensimismada al Maestro.

—*Pero no parece que pueda haber trabajos de muchos en un poema donde no cambia el modo de hablar, ni de pensar,*

ni el de hacer los versos, y donde desde el principio hasta el
fin se ve el carácter de cada persona que puede decirse quién
es por lo que dice o hace, sin necesidad de verle el nombre…

Carácter no le falta al cubanito, piensa Hurtado, quien adivina en el joven un fuerte rival.

María no sabe adónde quiere llegar el Maestro, es diferente, se le nota seguridad, su voz es dulce, pero firme.

Pasada media hora, la sala se torna escenario de guerra. Los alumnos se debaten entre griegos y troyanos. La clase queda en suspenso cuando Aquiles echa al suelo su cetro de oro y dice que no peleará más a favor de los griegos.

María es Helena, el maestro es Paris. Lo dejaría todo por ese joven de mirada azul.

Desde la tribuna parece Martí un águila sobre altísima roca.

De noche en la residencia de los Granados ninguna mosca se atreve a molestar cuando María toca el piano. El maestro la mira, y ve a Blanca junto al río en Zaragoza, la mira y ve a Marina desnuda cual maja de Goya; se avergüenza de sus pensamientos. María sentada al piano, sus ojos fijos en sus finas manos que apenas rozan las teclas, el susurro de su voz marca el ritmo de la música. La melodía queda suspendida en el aire. En un intervalo, no sabe ni cómo se descubre hablando con su alumna, de París y Víctor Hugo, de Bécquer y las golondrinas. María tiene veinte años, y él veintitrés, pero a sus ojos es solo una niña, o al menos eso se empeña en creer, no puede evitar tomar su mano y darle un beso.

—¿Cómo no escuchar al maestro?

La colegiala no se atreve a mirar tus ojos. Lee las partituras, los dedos pulsan las teclas, busca el sol en la ventana. Si pudieras descifrar el mensaje de esa melodía, verías ese instante en que se convirtió en mujer.

No temas, niña. No hay peligro mientras no le mires a los ojos ni oigas su voz que es más suave que el viento. María es una colegiala más que toca el piano, suspira y aguarda.

La boda

Es 20 de diciembre, la catedral de México se engalana. Carmen lleva mantilla blanca y rosario de azabaches, los labios rojos, el cabello negro. El padre bendice a la pareja:

—Lo que dios ha unido, los hombres no han de separar.

Las manos apretadas, los labios juntos. Manuel y Lola se miran, Fermín te abraza:

—¡Felicidades, Pepe!

Bebes un licor y luego vino, te pasas de copas y sin embargo no te atreves a bailar. Tus pies no están hechos para eso, lo sabes. Marina amenaza con matar a Carmen si besa el lunar de tu mano... María... su almohadilla de olor... los pechos redondos de Blanca... palomas que alzan vuelo.

—Son amores de niñas que habrá de sepultar el tiempo —te consuelas.

Carmen aprieta tu mano, reclama la atención de tus ojos perdidos en la lejanía.

Aquí estamos, Carmen con aureola, yo con amor y penas. Me oprime el corazón su nobilísima tranquilidad. Cada uno de sus días vale uno de mis años. Esta luna de miel, errantes, vagabundos, era conveniente a nuestras bodas; peregrinos dentro de la gran peregrinación. —Duerme entre salvajes y bajo el cielo, azotada por los vientos, alumbrada por antorchas fúnebres de ocote; ¡y me sonríe!

Termina el año, la fiesta de Chipalcingo viene a salvar la nostalgia de los últimos días. Tu alegría es desmedida, José. Ni siquiera Carmen esperaba esa risa, ese ir y venir que agita la chaqueta y desordena tu cabello.

—Es el efecto del vino —piensa.

El olor del azúcar y el ruido incesante del trapiche son los mismos, crees estar en Cuba.

Vuelves a pensar en la joven colegiala, sus dedos sobre las teclas, la mirada escapando en la ventana. Acapulco presagia una canción… María bonita…, María del alma…, esa es María de otro tiempo, la tuya jamás pisará la arena de esta playa.

Un diablo con levita

Estás con Carmen en Guatemala. La luna de miel amenaza con ser amarga. Enero apenas comienza, el correo trae una esquela que aún conserva el perfume, sabes quién es la autora, pero delante de Carmen no le das la más mínima importancia.

—Es una carta de amor —pregunta tu mujer con una mueca de ironía.

—No, es una invitación para ir a un baile.

La noche tarda en llegar, compruebas que Carmen duerme, ahora puedes leer:

Hace seis días que llegaste a Guatemala, y no has venido a verme. ¿Por qué eludes tu visita? Yo no tengo resentimiento contigo, porque tú siempre me hablaste con sinceridad respecto a tu situación moral de compromiso de matrimonio con la señorita Zayas Bazán.

Te suplico que vengas pronto,

Tu niña.

No sabes por qué te sientes culpable, no podrás acceder a su reclamo, no puedes mirarle a la cara. Pero estás convencido de que estos amores de niña no los sepultará el tiempo.

De nuevo es primavera y Leonor sigue sin perdonar tu ausencia:

—*Yo he cometido un gran delito* —piensas—, *no nacer con alma de tendero.*

Los conservadores me hacen la cruz, y están en su derecho: yo debo parecerles un diablo con levita. Los liberales sedicentes, que de inteligencia y corazón aquí no los hallo, se resisten a estrecharse para dar sitio en el banquete al que no es a sus ojos sino un comensal más.

Las manos que antes te saludaban se niegan a salir de los bolsillos. Te sabes vencido, soldado de luz en esta guerra de zapa. El eco burlón, te llama Doctor Torrentes, porque tus palabras caen sobre ellos como un aluvión. José María Izaguirre es expulsado de la escuela como un día lo fue Rafael Mendive. Renuncias a la cátedra, no sabes si Carmen está dispuesta a morir de hambre por honor.

Con un poco de luz en la frente no se puede vivir donde mandan tiranos.

¿Qué mal les he hecho? —te preguntas, y a la vez te replicas:

—*Explicar Filosofía con sentido, a par que nuevo, mesurado; explicar literatura; dar conferencias sobre el estado actual de las Ciencias Naturales; publicar un libro, en que con amor y calor para ellos nuevos, revelo sus riquezas desconocidas, escribir un drama sobre su independencia el mismo día en que me lo pidieron y anunciar un periódico en que intentaba hablar aquí de Europa y hablar a Europa de ellos.*

He ahí mi proceso —y entiendo que el suyo—. Ni una imprudencia, ni una ambición mía han deslucido estos intentos. Pero me han desfigurado de tal modo, me han presentado de tal modo, me han exagerado con tales proporciones, se han movido contra mí por resortes y causas para mí tan desconocidas, me han cerrado a principios de año con tales obstáculos el camino que a fines de año pasado me mostraron tan abierto, que, presintiendo que me despojarían de mis clases en la Escuela Normal como indirectamente y de hecho me habían ya despojado de las de la Universidad… ¡cómo había yo de pensar que, sin causa nueva alguna, en el momento de volver a este país con mi mujer, enseñando más, escribiendo bien de ellos con mi libro amante en las manos, con los mismos hombres en el gobierno, había de venir abajo todo esto? Antes de que me abandonen, yo los he abandonado. Mirando a mi pobre Carmen, se me llenan de lágrimas los ojos, y contengo difícilmente mi amargura. ¿Qué se ha de ser en la tierra; si ser bueno, ser inteligente, ser prudente, ser infatigable y ser sincero no basta?

¿Eres realmente bueno, José? ¿Existe de verdad alguien totalmente bueno?

Es 10 de mayo, un águila vuela alrededor de la casa, tienes un mal presentimiento. Izaguirre toca a tu puerta.

—María acaba de morir.

EL DOLOR DE CUBA

Regresa Julián callado, meditabundo, apenas dirige la palabra a Carmen. Abre las páginas del periódico, su mente está ausente. Las deudas lo acosan. El Señor Zayas Bazán, en la última carta, lo ha llamado loco, interesado. No quiere volver a La Habana, iría al Perú o a la Conchichina misma, pero jamás a Cuba, con esa tranquilidad hipócrita que molesta. Carmen se acerca con una taza de café, pregunta cómo ha pasado el día, extiende un sobre y, sonriente, dice: Ahora podemos volver. Su belleza ha crecido en estos días de crisis, va a ser madre.

Cuba se yergue desde las palmas para saludar a uno de sus hijos preferidos. Los adoquines recuerdan otras calles de México, Guatemala, Honduras y de la propia España. Todas las calles se parecen, pero el verde de la patria es el más divino de los verdes.

Nuevos edificios se alzan en extramuros, los caminos se hacen menos polvorientos con las nuevas avenidas. Los grandes palacetes del Cerro aún conservan su esplendor. Por mediación de la Chata alquila una casita en Tulipán, es pequeña pero acogedora, el sitio ideal para que pueda vivir en paz con Carmen y el hijo que está por nacer.

Nicolás Azcarate lo espera en la calle Industrias, está muy confiado de las nuevas reformas que España dará, Pepe no quiere discutir con el amigo. Puede trabajar, pero para ejercer como abogado precisa la legalización del título de España.

Las piernas de Carmen no resisten el peso de la barriga, pasa la mano por su espalda tratando de aliviar el dolor, su rostro está desfigurado, la nariz hinchada y sus pómulos oscurecidos por manchas. De pronto la mujer se toca el bajo vientre y emite un alarido.

Petra manda a hervir agua, desinfectar tijeras y preparar compresas. Aullidos de perra salvaje escapan de la habitación. Casi ocho horas de entra y sale de gente, de escuchar quejidos. El dolor, otra vez el dolor lacera el espíritu. El silencio vuelve a cerrarle los labios. Él, que tanto sabe de ciencias, es ignorante en materia de partos. Parecía tan fácil cuando nacieron sus hermanas. Filomena, la vieja comadrona del barrio, resolvía con una palangana de agua y un caldo de gallina. Algo le dice que todo va mal. Busca al médico. El doctor palpa el vientre duro, acerca el oído. Carmen contrae el rostro y jadea, ya no tiene fuerzas; el doctor acomoda sus gafas, su cara es un enigma: —El niño viene sentado, hay que operarla.

Si Carmen muere… Te aterra el quirófano, el olor a éter, el filo del bisturí. Sacas la leontina, hace más de una hora y no hay noticias. Una mujer abre la puerta:

—¡Felicidades, es usted padre de un hermoso niño!

El 22 de noviembre nace José Francisco. Carmen está hermosa, con ese donaire que solo tienen las recién paridas. El niño tiene la frente como Leonor, frente canaria, despejada, guanche.

La vida sonríe, se mudan para una casa modesta en Amistad, número 42, entre Neptuno y Concordia.

Juan Gualberto, el mulato periodista que conoció en México, es visita asidua, como él; no aprueba el pacto de Zanjón, y lucha con la pluma tan diestro como lo haría con el machete.

Nadie puede parar a Martí, su palabra lo hace lucir en más de una tribuna. Ante su discurso han de rendirse todos, menos su madre, y el mismísimo gobernador general de la isla Ramón Blanco, que, cuando esperaba oírlo hablar sobre las maravillosas manos del violinista Rafael

Díaz Albertini, le escucha atónito departir de Cuba, y de una palabra en extremo peligrosa: libertad.

Y es que estás realmente loco, Pepe, como un día te llamó tu suegro. Solo un loco renuncia a una alcaldía. Solo un loco no disfruta del amor calmado de Carmen y el pequeño José Francisco que se duerme cada noche esperando por un beso. Solo un loco conspira día y noche y miente a su esposa a riesgo de perderla para no comprometer su pensar.

Hoy no saldrás de casa. El licenciado Miguel Viondi, tu nuevo jefe y amigo, quedará esperando en el bufete. El niño tiene fiebre, tu cabeza piensa lo peor. Te ha acosado tanto la muerte que un simple catarro te pone a temblar. Rezas, clamas por la Virgen. Buscas a Leonor para pedirle una oración. La negra Petra sobará al pequeño. Escudriñas hasta el último centavo en tus menguados bolsillos para llamar al médico. Todo, hasta pedir a tu suegro serías capaz por tu José.

—¡Oh, dios, si se salva, será para mí Ismaelillo y juro que jamás alejaré sus pies que caben en un beso de mi boca!

Ismael te sonríe desde su cuna. Balbucea tu nombre. Te llama papá. Se hace una fiesta para un príncipe enano que por unos días habrá de detener tus pasos.

Cuba está enferma, se duele de liberales y autonomistas. Se duele en las heridas de los Maceo y de los Gómez, en las canteras de San Lázaro donde la cal sigue siendo la cal.

El sonido de la aldaba interrumpe el almuerzo y apenas permite a Juan Gualberto apresurar una copa de vino; Carmen se levanta y confiada abre la puerta, es el mismo hombre que por la mañana con galantería le preguntó por su esposo.

—El señor que vino hace un rato a buscarte, y al que le dije la hora en la que te podía ver, es el que ha vuelto. Dice que termines de almorzar, pues no tiene prisa y te esperará.

Con paso seguro Pepe se levanta, saluda al hombre que ha venido a buscarlo y le pide a Carmen:

—Que me traigan enseguida el café, pues tengo que salir de inmediato.

Toma un sorbo, otro sorbo que degusta lentamente. Mira a Juan y dice:

—Tome su café con calma: usted se queda en su casa, y dispénseme, pero es urgente lo que tengo que hacer.

Coge su sombrero y se marcha con el hombre.

Todo el sufrimiento del mundo se acumuló en el pecho de Carmen, que hubiese explotado de no ser por el aliviadero que encontró en los ojos.

—Se llevan a Pepe, ese hombre que ha venido es un celador de la policía. Yo lo ignoraba. Pepe me encarga que le diga a usted que corra y haga lo posible por ver dónde lo llevan y le avise a don Nicolás de Azcárate.

Juan Gualberto abandona su cansino paso intelectual y camina de prisa para no perder de vista a Martí, se desespera; al llegar a Neptuno ve a los dos hombres, se apresura, pero en la plazoleta de coches de Neptuno y Consulado toman un coche, pide a otro carruaje seguirlos y finalmente los ve llegar a Empedrado y Consulado, a la Jefatura de Policía. Un presentimiento asalta al mulato periodista: nunca más volvería a verlo.

ALA ROTA

Yotra vez San Cristóbal de La Habana dice adiós a su preso. Cual pajarillo con ala rota, apenas puede alzar el vuelo y es trasportado en una jaula. Ay, si cupieran en ti Carmen y tu hijo, para que duela menos la separación. Esta vez el vapor se llamará *Alfonso XII*, nombre de rey que te hace sentir más vasallo.

Parado en la baranda, los ojos miran fijos la ciudad que se disminuye, la gente se ve como figura de calidoscopio. Carmen con José en brazos levanta la mano enguantada y dice adiós. Leonor no quiso venir a despedirte, en realidad se esconde tras la multitud, para que no veas su rostro. Rostro de madre sufrida que sabe que va a perder prematuramente al hijo, que ya lo pierde, que se va, que se achica en la lejanía.

Caminas inquieto, miras a cada pasajero. El sobrecargo Leandro Viniegras se deshace en atenciones, en su oficina te muestra cómo lleva la contabilidad.

—No es difícil, José, solo es habilidad y orden.

A la hora del almuerzo compartes la mesa con Ramón Roa. De su boca se escapan los gritos de ¡A degüello!, ves la caballería con los hombres casi desnudos con el machete en alto. En Palo Seco un hombre pequeño se agiganta y dirige la tropa que debe ir en *zigzag* para burlar al enemigo.

Cómo admiras la destreza del dominicano que aún no conoces, de la boca de Roa sale con más brío el machete. A su lado casi desistes de escribir sobre la manigua. Necesitas galopar y te sabes ingenuo jinete.

—Usted, joven, aproveche su tiempo y sea un buen abogado o poeta, la guerra es inútil…

—La guerra no ha terminado —contestas airado—, solo hay una tregua que debe ser fecunda.

Un diputado que escucha con atención, piensa en la grandeza de una tierra que da hijos como tú.

En Santander eres conducido como un vulgar preso. Tu cuerpo difícilmente habrá de soportar la prueba. Dichoso de ti, joven cubano, en el que hasta los españoles de bien fían. Gracias al diputado Ladislao Setién, vuelves a ser libre.

¿Y es acaso *libertad* caminar por calles ajenas, sintiendo el llanto de un niño en la noche?

—*Ni mujer bella, ni niño hermoso, cuando estamos lejos de nuestra mujer y nuestro hijo.*

Ahora ya es tarde. Carmen ha llorado mucho, en sus cartas solo escucharás la queja.

—*Cien puñaladas en mi pecho no me causarían el dolor que esta primera carta me ha causado.*

¿Y qué esperabas, José?, que volviera a sonreír como en Chipalcingo. Las madres se olvidan de ser mujer cuando un niño llora de soledad y hambre en su cuna.

París te espera con el encanto de Sarah Bernhardt, a la que cuentas tus dramas. Si pudieras tener tiempo esta vez, repararías en Toulouse-Lautrec en las noches de Molino Rojo. New York te apremia, aún con el ala rota vuelves a levantar el vuelo.

New York

Mudar de tierra no quiere decir mudar de alma, por eso tu alma hoy más que nunca sigue padeciendo, lejos de Leonor, de los tuyos, de la tierra que te vio nacer, de las palmas, los tomeguines y ese sol al que te gusta mirar de frente.

La vida en Venecia es una góndola; en París, un carruaje dorado; en Madrid un ramo de flores; en New York, una locomotora de penacho humeante y entrañas encendidas. Ni paz, ni entreacto, ni reposo, ni sueño. La mente, aturdida, continúa su labor en las horas de noche dentro del cráneo iluminado. Se siente en las fauces polvo; en la mente, trastorno; en el corazón, anhelo.

New York es una ciudad inmensa, donde la gente siempre va de prisa, con la camisa abierta, arreglándose la corbata, sin tiempo para cerrar la puerta y mucho menos para conversar en las esquinas. París se hace aún más perezosa con su bulevar, y el Sena siempre invitando a detenerse en su orilla. New York trabaja ardientemente, no hay lugar para los torpes. Cuesta trabajo no perderse en esas calles que por primera vez no recuerdan a otras. Te esfuerzas día y noche en aprender el *inglés hermoso, pero rebelde.*

No obstante, ya te sabes de memoria el camino que va de la casa de huéspedes de los Mantilla a la tienda de Leandro Rodríguez, donde se reúne el Comité Revolucionario Cubano. Allí intercambias ideas, poco a poco vas exponiendo tus criterios sobre los errores que hicieron fracasar la guerra, vas lento, aunque seguro.

Calixto García lleva su historia en su frente herida, compruebas que como tú es amante de los libros y cuán equivocados están los que piensan en él solo como el audaz invasor de Las Auras, Melones y Corralillo, el clemente guerrero, el perseguidor infatigable.

—Calixto es mucho más: es la ley, es la paz futura. Apagas el deseo de besar esa frente, que es para ti como besar la patria. Sabes que estos son hombres hechos de hierro a los que la mucha lisonja molesta.

El general ve en ti a alguien que siempre debió estar. Se siente impresionado ante tu primer discurso y piensa: *Ahora sí, se ha de ganar la guerra.*

—Es usted fuerte a pesar de su juventud, pero no es hora de que parta a la manigua; el futuro está en su pluma, hay que recaudar dinero, unir lo desunido.

—La guerra no debe ser una guerra de razas —le dices animado por su última frase—, hombre es más que mulato y negro, la independencia de Cuba no tiene nada que ver con las repúblicas que he visto en México, Guatemala y Honduras. Ni siquiera en este país orgulloso de su guerra de secesión, donde todavía los negros caminan con la cabeza baja.

Tu mente es un hervidero, pero has de ir despacio, uniendo corazones, en tanto tu alma de poeta robustece el verbo.

—*Antes de cejar en el empeño de hacer libre y próspera a la patria, se unirá el mar del Sur al mar del Norte, y nacerá una serpiente de un huevo de águila.*

Muchos no entienden lo que estás diciendo. Hablas de prisa, como quien desea expresar muchas ideas en poco tiempo. Algunos piensan que hay cierta teatralidad en tus movimientos, pero tu voz es clara, fuerte y exalta el ánimo, siempre con la demanda de aprobación en cada frase: —Sí, eh, no. —Y esos ojos de río que miran de frente señalando el camino.

Tu pequeña figura se engrandece en la tribuna, pareces un guerrero de la luz. Tu levita está raída, pero muy bien planchada, gracias a las bondades de esa otra Carmen que no te pertenece.

Por primera vez te sientes solitario en asuntos de amores; tú, que percibes rápidamente la belleza del cuerpo o la belleza del alma, no lo hallas en New York. No te han faltado halagos a tus versos y jóvenes que adornan el ojal de tu traje; mujeres hermosas que nunca sonríen.

Estás a la espera de una fuerte emoción y te sorprendes ante esa miniatura de mujer que con solo siete años habla con seguridad a sus compañeras. Tiene sus pequeños dedos cubiertos de anillos y de sus orejas cuelgan pesados aretes. Te preocupas por el futuro de un país donde se quema la infancia.

El frío te hace pensar en José, acaso él también tendrá frío, con qué abrigo ha de taparse. Ves en una tienda un abrigo hecho a su medida y lo compras, quisieras comprarle ese sable de general que brilla tanto, esos zapatos de charol con hebilla, le darían un aire de caballero, de duquecito. Te avergüenzas de tus propios pensamientos cuando ese otro niño que parece irlandés estira su mano, y depositas en aquella manita blanca el precio del tranvía que ha de llevarte a la pensión. Allí te acercas a la pequeña Carmita y pasas tu mano por su pelo con ternura. Cómo te hubiese gustado tener una hija, a pesar de tus muchas hermanas. Entonces, otra vez, tu mente vuela lejos, a tu Habana, a Mariano, a Leonor.

Cómo estará el pobre viejo, temes por su salud que presientes débil. Ves a Leonor fuerte como el Teide, el volcán de su isla del que siempre hablaba, con sus dos trenzas cruzadas sobre la cabeza, corona que muchas veces se cubrió de espinas. Su vista se consume de tanto ensartar la aguja. Sus dedos, hincados, te duelen. La sorprendes cantando una canción, su voz semeja un canario que acaba de emprender el vuelo. ¿Y Amalia?, se casará por fin, temes por ella, y por las demás chiquitas. No quieres que se dejen llevar por palabras falsas.

Carmen está al venir. El encuentro lo repites una y otra vez. Será tu misma Carmen o la mujer de las últimas cartas llenas de reproches. Solo dios sabe cuánto quisieras dedicarte a ella, a tu hijo, pero Cuba es un dolor del cual no puedes desprenderte. Es la madre mayor, la hija, la mujer, las hermanas que sufren. Cuba es el odio a España. El dolor de las cadenas de esos presos. El machete de Maceo, de Gómez, la herida en la frente de Calixto.

Otra Carmen

Carmen llega a la casa de huéspedes. Una casa grande con una sala espaciosa donde más de una cara le mira. Tres niños la rodean y el pequeño José quiere volar de sus brazos. Tiene frío. Está cansada del viaje, pero acepta un té y, no con mucha confianza, responde las palabras de la que le es presentada como Carmen Miyares: la dueña.

La mujer parece sincera. Es simpática, con ese tono que tienen los cubanos de Oriente. A pesar del cansancio que se refleja en ella, es una hermosa mujer. Los otros huéspedes que entran y salen reparan en la alegría del cubano que no se cansa de dar besos al pequeño. Nunca lo habían visto así, con ese aire de colegial que de repente sorprende a los que notaban su vejez prematura.

Algunos cubanos preguntan a la recién llegada sobre la isla, pero los ojos empiezan a pesarle y, luego de disculparse y hacer una reverencia, del brazo del esposo sube las escaleras.

El niño está algo inquieto, se resguarda en la saya de la madre, él quisiera abrazarlo, fundirse con su cuerpo, pero sabe que primero tiene que acostumbrarse a su figura. Con el bigote le hace cosquillas en la barriga y el niño ríe con esa risa franca como solo pueden hacerlo los que empiezan a vivir. Sus pies han crecido, ya casi no caben en un solo beso.

La mujer mira la habitación, está ordenada, aunque hay muy pocos muebles y una cama en la que la sorprende una rosa blanca. Ya dormido el niño se sienta en los pies del esposo y vuelve a ver esos ojos color río que tanto la hacen soñar.

Acaricia sus senos y las manos le tiemblan como a un adolescente. *Es tan bella Carmen, es aún tan bella*, que las inquietas palomas no saben en qué sitio posarse. Y vuelve a ser 20 de diciembre a la luz del candil, cuando por primera vez fue dueño de aquel cuerpo.

En otro espacio bajo el mismo techo la otra Carmen se ahoga de calor. Es un calor santiaguero que la hace abrir la ventana, a pesar de las protestas de Manuel. Está inquieta, camina de un lado a otro. El dinero casi ni alcanza para mantener a los tres hijos. El negocio del tabaco está cada vez peor y su marido continúa enfermo. Por dios, cuánto quisiera que sus pies volvieran a ser fuertes como antes y que ese dolor que siempre lo acompaña desapareciera. Lo contempla con ternura, es mucho mayor que ella, pero lo ama como quieren las hijas a su padre.

Ya de mañana, con un amor renovado, la pareja de los Martí recorre las calles. No sienten frío, solo una placidez que los detiene en el parque. Hacen planes de mudarse para una verdadera casa cuando tengan dinero.

Carmen afirma sentirse incómoda ante gente ajena.

Su alma está inquieta. Teme por Calixto en La Habana. Por los preparativos en Kingston. ¿Cómo le irá al general bravo que no aceptó la paz humillante?, y al viejo mambí dominicano. También hay que preparar el próximo discurso, estudiar inglés y escribirle a Amelia. Los días pasan y el amor de la pareja ya no es el mismo.

José Julián se acuesta cansado, sin percibir que Carmen solloza. Nada, nada quiere para ella, pero Pepito tiene frío, apenas hay para comprar leche, teme por su salud. No se le quitan las palabras de su padre de la cabeza: *te has casado con un perdedor, un loco, un irresponsable que solo te dará dolor de cabeza.* No puede dormir. Apenas hay leña para avivar el fuego y los pies del niño tienen ese color violáceo que tanto la hace temer.

Carmen mira a sus dos Josés, y sabe que tal vez nunca más vuelva a ver esa imagen. Pero está decidido, regresará a La Habana.

Sereno como es capaz de estarlo cuando la ocasión lo pide, José despide a su familia. No le dice nada a Carmen, un dolor profundo en el pecho le impide respirar. Quiere pedirle que no se vaya, pero la decisión está en sus ojos. Solo atina a darle los últimos recados para sus padres. Ahora le cuesta trabajo soltar al niño que se aferra, y en el desprendimiento siente más dolor que cuando aquellos grilletes le hacían perder jirones de la piel.

Ya de regreso, la otra Carmen avisa que la comida está lista, mientras en la habitación espera una carta que no admite demora. La fiebre se apodera de él y en su delirio solo ve a un niño que flota a su lado.

Soledad

El frío, la soledad, la ausencia podrían llevarte ahora que tienes tantas cosas por hacer. La fiebre visita tu frente. A pesar de los cuidados de Carmen deliras. La tos acude traicionera a tu garganta. Decides, no sin dolor, pasar unos días en el balneario Cape May. No eres hombre hecho para el descanso, pero necesitas recuperar la salud y el espíritu.

Tu alma está gris como las olas que al atardecerse adueñan de la bahía de Delaware. El aire es puro, pero tanta soledad asfixia. Quisieras pedirle a Carmen que regrese con tu hijo, también escribirías a otra Carmen, la Valenciana, que ha salido más rebelde de lo que tu madre espera. Cómo será el tal Radillo, tendrá razón Leonor en preocuparse. La viudez no es símbolo de ligereza, ni otras cualidades que envilecen el alma. Deberías estar cerca, eres el hermano mayor, para acompañar a tus hermanas a los bailes, pasear con ellas los domingos por La Alameda como lo hacías con tu padre.

Una muchacha, esbelta y bella, se sienta a tu lado. No tiene ese aire de superioridad que tanto te disgusta en algunas jóvenes de esta tierra. Abre un cuaderno y, por la insistencia con la que mira el mar, la descubres pintora, sus ojos te acercan un recuerdo, el de la tierna

Ana que aún duele en tu mente. Si estuviera aquí, podrías hablarle del dolor que amenaza con desgarrar tu pecho. El mismo dolor que debió sentir la moribunda lejos de su amado Manuel Ocaranza. Un águila vuelve a pasar por el mar y Pilar sin moverse bajo la lluvia. ¿Qué será del pintor ausente de colores, y su musa? Mientras, otra niña con aro, balde, paleta y sombrerito de plumas se va diciendo adiós.

AIRE DE AMÉRICA

Desde cubierta observa Curazao. La costa lo recibe cálida y las casas, a lo lejos, lo saludan con sus tejados rojos que se apresura a dibujar en un papel.

Las negras pasan con sus pañuelos multicolores cual arco iris después de la lluvia. Todo se agita en el puerto que lo hace respirar otra vez ese aire de América. Su mirada se torna azul, ante la alegría del hombre sencillo que carga un saco de harina en su hombro, y, aun así, le dedica una sonrisa. Los pies descalzos se sienten libres con esa inocencia que produce la ignorancia.

El hombre se pierde con el crepúsculo por las calles estrechas, los balcones de madera se asoman, siempre con un búcaro de flores que saluda la mirada atrevida del viajero. Casi sin querer tropieza con dos negros que discuten: *algo así como una eterna disputa entre loros y cotorras: se maldice, se insulta, se amenaza con matar, se alzan los remos como para partir la cabeza.*

Ciudad triste que desperdicia sus fuerzas y vive de la sal y el contrabando, donde el sol parece ser el único dueño, del suelo arcilloso y las casas leonadas.

A pesar del amarillo, el hombre está alegre, cómo no estarlo cuando se viene del frío de la nieve, se agradece el sol, el calor humano. *¡Aquí empieza ya la mujer a ser tierna, —el niño a ser brillante, a ser heroico y generoso el hombre!*

Desde el buque, henchido con el aire de América, José Martí abre el alma a la noche.

VENEZUELA, MADRE

*V*enezuela vale bien el viaje que hay que hacer para llegar a ella —piensas al ver tanta belleza reunida—. La
naturaleza, prendada de la tierra, va más allá de sus límites
al reunir el oro, la plata y el hierro. Todo lo puede el fértil
suelo en este país capaz de parir cacao, tabaco, patata y café.

*Todos los climas, todas las alturas, todas las especies de
agua; orillas de mar, orillas de río, llanuras, montañas; la
zona fría, la zona templada, la zona tórrida.*

¿Quién dijo que las estatuas son frías? La mole te acaricia y abraza, parece que se mueve como un padre cuando
se le acerca un hijo. Ahora serás Martí de América y nada
ni nadie detendrá tus pasos.

*Las comidas que en ella se sirven, exceptuando algu-
nos platos del país, las sillas para sentarse, los trajes que se
usan, los libros que se leen, todo es europeo. La alta literatura, la gran filosofía, las convulsiones humanas, les son de
todo familiares.*

Piensas, cuánto tienes que trabajar para ayudar a crecer
tus pueblos de América. Has de empezar con los niños que
son la esperanza del mundo. Para ellos escribirás una revista, por ahora ese proyecto debe esperar; mientras germina
La Revista Venezolana.

Es 28 de enero, día de tu cumpleaños y Venezuela te
saluda desde las páginas de *La Opinión Nacional*, eres feliz en esos valles donde puedes hablar tu propia lengua.
Otra vez, maestro, vuelves a impartir literatura, gramática
francesa, y de tus labios los jóvenes oirán a Cicerón en las
clases de oratoria.

Al fin un descanso, Pepe, le demostrarás a Leonor que
este viaje no es una locura, podrás mandar a buscar a Carmen y dejar salir ese beso que te oprime el alma, en las me-

jillas de Pepito. Ahora más que nunca sufres su ausencia y en su búsqueda cruzas los mares. Las musas cómplices de la soledad mueven tus manos cada noche, a través de tus versos hablas a tu príncipe enano, *pero si piensas amar el amarillo, vivir impuro, no vivas, hijo*, así eres tú, por eso no te importa visitar a Cecilio Blanco, aunque no esté bien visto por el presidente, escribir sobre su epopeya, y que tiemble de odio Guzmán Blanco como una vez lo hizo en Guanabacoa otro Blanco con el máximo poder, Ramón. No hay fuerza capaz de detener tu verbo, la hipocresía en ti nunca ha de encontrar un aliado.

Mariposas en estío

Otra vez New York. Sales de la casa, en las frías mañanas, con el calor de las sábanas aún en tu cuerpo. El camino se te hace rutinario. Te pierdes entre los papeles ajenos de la oficina. No es lo que soñaste para ti. Te gusta escribir crónicas y artículos y a través de ellos viajar el mundo. Pero este trabajo mecánico te impide pensar, eres más escribano que escritor y de nuevo la literatura ha de quedar esperando.

El dolor de muelas te impide concentrarte. Tus dientes comienzan a mostrar síntomas de cansancio, las caries taladran hasta el hueso. Cuentas hasta el cien cuando acudes al gas de risa al que recurren para extraer las muelas, el dolor parece desaparecer.

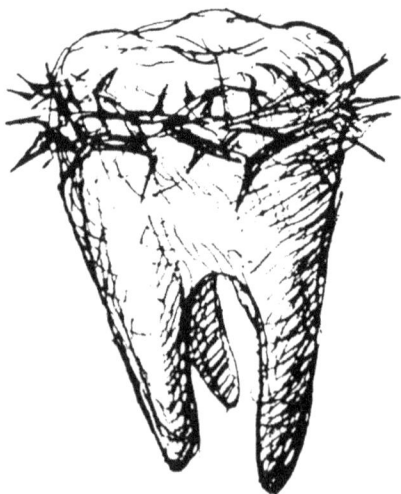

Sientes que Carmen utiliza a tu hijo para que regreses a Puerto Príncipe, y te preguntas por qué una mujer como ella es capaz de tal crueldad. Carmen ha dejado de ser tu mujer para ser madre. Ella y Leonor, las mujeres que más amas en el mundo, son también las que más te hacen sufrir.

En la tarde, cuando regresas a casa, apenas tienes tiempo para responder dos o tres cartas. Escribir a tu hermano Mercado y enviarle tus últimos versos, esos que han salido de tu pluma con una fiereza que desconocías. Son mariposas de mayor estío, y preguntas al amigo si llevan bien cargadas de polvo de oro y fortaleza las alas, para ponerlas en letra impresa.

Aún quedan en tus estantes ejemplares del *Ismaelillo*, hubieses querido regarlos por todo el mundo para que tu hijo fuese famoso, y saliera en revistas y periódicos. Vanidad de padre, bochorno de poeta, arrepentido de dar esos versos a la imprenta.

El dolor de muela continúa, tu cabeza da vueltas, enjuagas la boca con sal y vinagre. No sabes qué hacer con ese dolor que taladra el cerebro y te golpea fuerte como la muerte de Ocaranza.

Casi sin saberlo, te duermes con la pluma en la mano. Ya no duele nada. Una figura gallarda desciende de una nube y te extiende la mano, es Ana con una sonrisa, quien te señala la pared donde cuelga un cuadro de una musa y su pintor. Entonces te despiertas recordando aquel dibujo que le hizo Ocaranza y te prometes pedírselo a Mercado: *¡Qué regalo para mis ojos si yo pudiera yo ver constantemente ante ellos aquella esbelta y amante figura! Me parecería que entraba en posesión de gran riqueza.*

Un día gris

Las olas mueren en los arrecifes, el viento del norte augura una tormenta. Leonor se para frente al manglar, sus ojos van más allá de donde el cielo parece unirse al mar. Quisiera ser gaviota y perderse en la lejanía. Cierra los ojos y se ve en el puerto de Tenerife mirando el azul de su infancia.

El vapor que acaba de encallar trae noticias de Cuba, la isla donde todos los sueños se hacen realidad. Leonor ha oído a su padre, don Antonio, hablar sobre La Habana y un próximo viaje. Mira al Teide y se despide, tal niña inocente siempre deseó oír su bostezo, verlo despertar, pero el viejo volcán se sabe gigante y contempla su isla en lontananza.

Leonor camina por la plaza de la Candelaria y piensa que un día ha de casarse y tener muchos hijos como las islas que forman las Canarias; él será un apuesto militar, como su padre, y le dará un hijo al que nombrará José.

Leonor sigue parada frente al mar y ve a María del Pilar bajo la lluvia, temblando de frío. Sus manos aún pueden sentir la fiebre de Lolita y de la dulce Ana. Su mano se levanta para decir adiós a Pepe. Manos que cosen y esperan, en soledad.

Con los lentes nuevos que le mandó el hijo, puede leer sus versos. Ella que no sabe de rima descubre en cada palabra el dolor por la ausencia, ella que no sabe de rima puede escribir versos donde también se hable de soledad. En noches como estas imagina al Teide en erosión. La gente corriendo por las calles. El calor del fuego en sus mejillas. Ya no podría conversar con su volcán, le espantan los desastres.

El viento fuerte parece quebrar la noche. Leonor se estremece ante la tos de Mariano. Amelia ha recibido una carta hermosa de Pepe, si las letras fueran palabras al oído tal vez Carmen regresara a New York. Leonor prefiere ver al hijo errante que expuesto.

Pero no sabe cómo puede soportar tanta nieve y vivir más pendiente de los demás que de los suyos propios.

Te acordarás de lo que desde niño te estoy diciendo, que todo el que se mete a redentor sale crucificado, y que los peores enemigos son los mismos de los de su misma raza, y te lo vuelvo a decir, mientras tú no puedas alejarte de todo lo que sea la política y periodismo, no tendrás un día de tranquilidad… ¡Qué sacrificio tan inútil, hijo de mi vida, el que estás haciendo de tu tranquilidad y de la de todos los que te quieren!

Leonor no quiere que ninguna bala se hospede en el pecho del hijo. No quiere saber de sangre. No quiere saber de muerte. Piensa en Pepe y lo imagina batallando contra los vientos. En la oscuridad del cielo, a pesar de la lluvia pertinaz, brilla una estrella.

San Valentín

Y en este día de San Valentín, en que es fama que los pájaros amanecen piando y aleteando en torno a la rama en que se posa aquella que eligen por compañera de su nido, te sientes solo y piensas en Carmen, hubieses querido mandarle un valioso regalo como aquel que envió el duque de York a la señorita Stuart, que no le costó menos de ochocientas libras esterlinas.

Carmen lo merecía todo. La sabes triste, la tristeza es contagiosa cuando los que se aman están lejos.

Ayer te sorprendiste mirando en la tienda esos abrigos de ricas pieles, tú que tanto odias el amarillo, pero hoy quisieras ser el duque y regalarle a tu esposa todas las riquezas del mundo.

Miras tu cama vacía. Se respira ausencia. Bebes una copa de vino que te sabe amarga y comienzas a escribir versos que te rompen el alma en cada estrofa. Dos toques te hacen acudir presuroso.

¿Qué me trae este niño mensajero, con su uniforme y cachucha de paño azul, que llama a mi puerta?

¡Ah! Es la costumbre de estos días, en que se envían, en lindas tarjetas, sus saludos anónimos los enamorados y los amigos leales, que sufren de ver almas solas. En esta tarjeta bordada de fleco azul, me mandan un niño alado.

Piensas en tu hijo y quisieras volar en el ala del ángel a su lado.

Y este niñuelo que viene, ¿qué me trae ahora? ¡Me trae un Valentín de burlas en que está un hombre triste, vestido de navegar, de pie en la orilla de un océano en que no apunta un barco!

Eres tú, José, el triste marinero sin barco, el hombre que sueña, y en esta noche de amor encierras una rosa blanca en un sobre.

Tallar en las nubes

Carmen ha recibido otra vez carta de su esposo. Las manos le tiemblan antes de abrirla porque sabe que la mandará a buscar. Se debate entre sus sentimientos y las súplicas de su padre. Tiene en sus manos el *Ismaelillo*, en cada poema las lágrimas nublan su vista. Ese es su José, el que le habló de las ruinas de Tenochtitlán, el que caminó junto a ella en Acapulco, el que la estremece con sus ojos color río. Carmen rasga el sobre, una rosa blanca cae a sus pies.

> *¿No hay garantía posible, y yo no debo sin ella emprender viaje semejante…? Cuanto te miro y me miro, y veo qué terribles penas ahogo, y qué vivas penas sufres, me das tristeza. Hoy sobre el dolor de ver perdida para siempre la almohada en que pensé que podría reclinar mi cabeza, tengo el dolor inmenso de amar a una tierra a la que no puedo ya volver.*

La mujer se estremece. De todas las rivales del mundo, Cuba es la más fiera. Quisiera comprender la utilidad de sus esfuerzos, ver a dónde lo llevarán sus pasos. Pepe también le escribe sobre la estabilidad que ha alcanzado trabajando como periodista en el diario argentino *La Nación*, le dice que en Brooklyn la espera una modesta casa repleta de amor, que está tallando en las nubes para que no le falte nada a ella, ni a su familia, y que ya domina perfectamente el inglés.

—No vayas, hija —le pide el padre que la sorprende con la mirada perdida, mientras estruja el papel.

Carmen ya se ha ido, ella ha de ser almohada para la cabeza del marido. No soportaría verlo preso, ni la burla de la gente que la llama viuda, que su hijo no pueda decir Papá. No puede soportar la ausencia. Le dirá adiós a las palmas. El niño será marinero.

El castigo

El viejo Podbielski, ya temblándole las manos, bañado en lágrimas, te entrega las cartas de José de la Luz y Caballero, las acaricia como si en ellas se le fuera buena parte de su alma. Es difícil ver a un hombre llorar, pero es todavía más difícil ver a un hombre viejo llorar, haces un esfuerzo para no flaquear y prometes al anciano que harás la traducción y, un día, el verdadero José saldrá a la luz.

Lees con avidez los manuscritos. Querías saber todo sobre el maestro. Te admira la sencillez de sus palabras. En un fragmento confiesa haber cometido algunos exabruptos, entonces te detienes y piensas, *años hace, una hermanita mía, entonces pequeñuela...,* y ves allí, en la esquina de tu habitación, a María del Pilar con los brazos abiertos bajo la lluvia, castigada su inocencia de seis años. Si hubieras encontrado al imberbe que olvidado de la niña dormía, lo habrías matado con tus manos.

No sabes si echar las cartas al fuego y faltar al compromiso con el viejo moribundo. No serás tú quien ha de imponer un castigo; ahora que ya escampa en tu mente, prometes a Pilar el verano eterno de una playa, en la que podrá lucir un bello sombrero de plumas.

Clavar águilas

Escribir es clavar águilas. ¡Y tan difícil verlas volar! Pero está en juego la libertad de tu país. No puedes demorar más las cartas que has de hacer a Gómez y Maceo. ¡Cuánto los admiras! Sobre todo, al viejo caudillo. No se trata de escribir sobre la historia, sino de hacerla. Por eso pierdes el temor a parecer un agitador vulgar y tu mano no tiembla cuando hoy, 20 de julio, escribes a los dos hombres.

Nuestro país abunda en gente de pensamiento —y es necesario enseñarles que la revolución no es ya un mero estallido de decoro, ni la satisfacción de una costumbre de pelear y mandar, sino una obra detallada y previsora de pensamiento. Nuestro país vive muy apegado a sus intereses —y es necesario que le demostremos hábil y brillantemente que la revolución es la solución única para sus muy amenazados intereses. Nuestro país no se siente aún fuerte para la guerra —y es justo y prudente, y a nosotros mismos útil, halagar esta creencia suya, respetar este temor cierto e instintivo, y anunciarle que no intentamos llevarle contra su voluntad a una guerra prematura, sino tenerlo todo dispuesto para cuando él se sienta ya con fuerzas para la guerra. Por de contado, Gral., que no perdonaremos medios de provocar naturalmente esta reacción. Violentar el país sería inútil, y precipitarlo sería una mala acción. Puesto que viene a nosotros, lo que hemos de hacer es ponernos en pie para recibirlo. Y no volvernos a sentar.

Has utilizado toda tu capacidad para convencer al general de que es Cuba la que manda. Tienes dentro del cuerpo un volcán en erupción. Miras el papel, tal vez parezca algo irrespetuoso, pero como paloma ha de alzar vuelo y descender en Honduras, en las propias manos del general.

Flor Crombet, que tiene noble corazón y juicio sano, te apremia. Tú, tan ajeno a la lisonja, sabes alabar cuando hace falta. Tomas de nuevo la pluma y encabezas otra carta:

Sr. Gral. Antonio Maceo:

No conozco yo, general Maceo, soldado más bravo, ni cubano más tenaz que V.

Te resulta difícil, no puedes dejar de mencionar cuestiones raciales y el mulato se agiganta en su lejanía con todo el esplendor de su raza.

Yo sé que no está V. cansado de hacer cosas difíciles. Y que su juicio claro no se ofusca como el de la gente vulgar…

Conoces la irascibilidad del general y temes a su reacción, pero un hombre que fue capaz de reunirse con Martínez Campos y ser digno, además de valor ha de poseer un sano juicio. Ya te había contado el español la elegancia de su verbo, su locuacidad y la sensatez de sus ideas en aquel almuerzo de despedida que ofreció en la casa de vivienda de un ingenio, y Flor aún conservaba su carta del 4 de marzo de 1878, cuando al enterarse de que algunos de sus subordinados pretendían asesinar a Martínez Campos escribió, colérico:

…que el hombre que expone el pecho a las balas y que puede en el campo de batalla matar a su contrario, no apela a la traición y a la infamia ase-

sinándole, y aquellos que quisieran proceder mal
con ese señor, tendrían que pisotear mi cadáver:
no quiero libertad si unida a ella va la deshonra.

Un hombre que actuaba así, era merecedor de todo tu respeto. Pero, ¿tomarían bien tus letras? ¿Comprenderían la misión de un hombre como tú que nunca habías empuñado el machete?… o, simplemente, te ignorarían.

Escribir es clavar águilas, pero al menos estas dos cartas, las más difíciles que has escrito en tu vida, después de engendrarlas, las echarías a volar.

Los porqués

Es domingo. Lo único que falta para ser un día perfecto es la visita de la abuela. Carmen, el niño y Alfredo, el hijo de tu hermana, están a tu lado y eso es mucho más de lo que soñaste en estos dos largos años de soledad.

Te gusta caminar junto a José por las grandes avenidas. El niño pregunta sin cesar: ¿Hacia dónde va ese camino de hierro? ¿Qué pasa en la bahía? ¿Por qué van a construir una casa sobre el mar?

Brooklyn no quiere quedarse atrás de Nueva York, aunque en esta parte de la orgullosa ciudad la gente es más sencilla, los negros de aquí no bajan la cabeza, pasan a tu lado y a veces en sus labios se dibuja una sonrisa.

—¿Por qué los negros son negros?

—Lo importante es que son personas como tú —respondes.

Le cuentas sobre aquel negro de tu infancia. Quisieras hablarle de Darwin, pero es solo un niño, y sus porqués no dejan callar tu boca.

Cuántos niños harán las mismas preguntas y cuántos padres tendrán paciencia para contestarles. Tu Ismaelillo es inteligente, apenas tiene cinco años, eres muy afortunado de tener un hijo como él con la mujer que amas.

Carmen y tú trabajan sin descanso en la traducción del libro *Nociones de Lógica*, es un libro inútil, pero esta vez la necesidad puede más que tu orgullo, deseas traer a Mariano junto a ti y, para ello, cualquier esfuerzo es poco.

Cuando el niño duerme, hablas de amor a tu esposa: *es tan bella tu Carmen, es tan bella*, quisieras que la noche fuera eterna. El calor de su cuerpo te hace olvidar el frío, pasas la mano por su negra cabellera y te estremeces, ella se queja por la cosquilla de tu bigote. Es de noche, tú y Carmen son solo un hombre y una mujer que se aman.

Descanso

Este es mes apacible. A los calentadores de vapor suceden las fuentes; como enfermos a quienes retorna la salud, se cubren de delgados hilos verdes las ramas de los sauces; no plumas opulentas, sino ligeras y gallardas motas de seda adornan los sombreros de las damas; salen de sus prisiones de cristal los perfumosos jardines de Arabia y las pálidas hortensias; las mañanas parecen arpas; se llenan de oro las arcas del alma —¡es primavera! —Sonríen los infelices, los ancianos se yerguen, y los niños triscan.

En el muelle buscas con ansiedad entre los pasajeros que descienden del vapor la cara de tu padre. Con la dignidad de un militar honrado te sorprende su mano sobre tu hombro. El niño salta alegre, no deja de dar vueltas a su lado, le pregunta por la abuela y por las tías y le promete llevarlo al camino de hierro por el que se puede subir al cielo. Mariano ha envejecido, su paso es más lento, pero su mirada parece rejuvenecer. Afirma: —Estás hecho todo un hombre. —Hasta te comenta que has crecido y adivina en tus ojos el mismo color de las aguas en la bahía.

Al llegar a la casa tose un poco:

—Solo es rezago del antiguo mal, no te preocupes, hijo, no voy a morir justo ahora que vuelvo a verte.

Mariano se sorprende ante la grandeza de la ciudad. Cree que debió haber emigrado al Norte y no a la isla que tantos sinsabores le ha hecho pasar. Es solo un pensamiento fugaz que pronto aleja de su mente, se horroriza al pensar que no hubiera conocido a su Leonor.

Mariano ve desenvolverse al hijo en la junta revolucionaria. No siente temor, sino orgullo. Lo presiente especial y sabe que sus esfuerzos no serán en vano. Aún lleva en los tobillos la marca de los grilletes y él vuelve a pasar con amor sus manos por las cicatrices.

Carmen y José andan cuchicheando por las esquinas, cuando llegan Pepito, Alfredo y el abuelo, se callan, parecen dos niños que van a hacer una travesura.

Es 31 de octubre, un pastel de fiesta saluda la mañana. Con los ojos vendados llevan al anciano hasta la mesa. José Julián canta junto a su familia el *happy day*; los niños y el abuelo se embarran los dedos de merengue. Mariano y José brindan con vino Mariani; mientras, Carmen, la mejor bailarina española, danza con la mejor de las sonrisas.

Te sientes extrañamente feliz, como si la felicidad enfermara, temes olvidar. Esperas cartas desde Honduras y no dejas de mirar hacia la puerta. Qué pensarán Maceo y Gómez de tu propuesta. Tanto silencio inquieta.

El anciano se sienta a tu lado y te pide paciencia:

—No hay mejor aliado que el tiempo —dice. Tú sabes que el tiempo que estarás junto a él es tan breve como pájaro en mano. Le besas la frente, le acaricias la barba blanca y, por un instante, decides descansar.

Lirios rotos

New York se viste de negro. Apenas se ve a nadie en las calles. La gente teme a la enfermedad que, arrastrada por el viento, extiende su garra sobre niños inocentes. Tu hijo y Alfredo te preguntan cuándo los llevarás al Coney Island y no sabes qué contestarles.

Mueren los niños pobres en centenas al paso del verano. Como los ogros a los niños de los cuentos: así el cholera infantum *les chupa* la vida: *un boa no los dejará como el verano en New York deja a los niños pobres: como roídos, como mondados, como vaciados y enjutos. Sus ojitos parecen cavernas; sus cráneos, cabezas calvas de hombres viejos; sus manos, manojos de yerbas secas. Se arrastran como gusanos: se exhalan en quejidos.*

Quisieras luchar contra el crimen público, acusar al Estado de tanta muerte. Pero, si no has podido lograr la libertad de tu tierra, ¿cómo alcanzar la de un país que se autotitula libre?

Todas las noches lees cuentos a José. «Caperucita Roja», «Barba azul», la traviesa Nené, que por romper un libro muy viejo no podrá ir, cuando muera, a la estrella azul. La mamá de Bebé está muy enferma, y, en un poema triste, mueren un niño rico y uno pobre, alguna que otra historia de castillos y princesas, y se te escapa de los labios Pilar, la niña hermosa, que regala sus zapatos a una niña enferma.

Los ojos de Pepito se llenan de lágrimas, no comprendes que no está preparado para tanta muerte y Carmen te mira con reproche. Si las imágenes de los niños vienen a ti como lirios rotos, ¿cómo podrás vestir de azul tus cuentos?

Merry Christmas

Es diciembre, la ciudad parece una gran tienda. Arbolitos de Navidad, trajes, zapatos, guantes finos, copas, cubiertos, variados vinos y, sobre todo, joyas. Los diamantes de Tiffany's retan a los holgados bolsillos y hacen soñar al pobre que se encandila ante la luz imposible.

Contagiado con la alegría de la navideña entra a una tienda más modesta y compra un arbolito para alegrar su casa. Escoge un pavo, un lechoncillo y la lechuga fresca que le recuerda su tierra. En un instante se ve en la Manzana de Gómez, junto a Ana. Perseguidos de los padres y las demás hermanas, caminan de la mano como novios, escogiendo el vestido para la fiesta de fin de año.

Santa Claus toca su campanita, el aire frío le recuerda que está en una ciudad extraña. Como presagio de buenos tiempos, compra un pequeño trineo, sin pensar que allá, en la isla, nunca caerá la nieve.

EL ARREGLO

El uso se hace visible en tu chaqueta y los zapatos hace tiempo esperan el relevo. Quieres dar una buena impresión. Pides a Carmen que revise tu corbata, José Francisco insiste en acompañarte hasta la puerta, ya en la calle besas al niño y huyes de ese perro callejero que un día orinó tu pantalón.

En el hotel de madame Griffou, el viejo mambí ve en el espejo el peso de los años. Se arregla con esmero y, cuando cree concluir, vuelve a torcerse el bigote.

Maceo se pasea impaciente en otra habitación, conoce la gallardía del futuro visitante, la elegancia de su verbo y soltura de su pluma. Confía en las recomendaciones de Flor Crombet. Ha leído más de una carta suya, que no sabe por qué, se ha negado a contestar. Un toque en la puerta saca a Antonio de sus cavilaciones, abre y se sorprende al ver aquel hombre con aquella estampa. Lo invita a sentarse, mientras le brinda una copa de vino y le alarga un tabaco.

—Es usted más joven de lo que pensaba —dice.

No sabes por qué no te gusta el inicio de este diálogo. Contestas a cada una de sus preguntas. Hablas de tus dos destierros a España, de tu actividad en la junta revolucionaria, de tu apoyo a Calixto García y lo que esperabas de la guerra.

Antonio Maceo, más que mirar, te observa, mide tus palabras, cada frase. Hasta que no puede más con tu verborrea, se levanta como montaña presta a caminar y con el dedo amenazante te dice:

—En Cuba no hay guerra sin Máximo Gómez, como lo entienda Gómez, a la manera de Gómez, al que todos, incluyéndole a usted, señor Martí, deben obedecer ciegamente.

—*La patria no es de nadie; y si es de alguien será, y esto solo en espíritu, de quien la sirva con mayor desprendimiento e inteligencia* —respondes.

Los hombres se miran, el tiempo huye para no recordar ese momento, en el que no se sabe quién es el río y quién es el mar. Huye.

Martí se levanta, mientras dice:

—*No contribuiré en un ápice, por un amor ciego a una idea en que me está yendo la vida, a traer a mi tierra a un régimen de despotismo personal, que sería más vergonzoso y funesto que el despotismo político que ahora soporta, y más grave y más difícil de desarraigar, porque vendría excusado por algunas virtudes, embellecido por la idea encarnada en él, y legitimado por el triunfo.*

La puerta está entreabierta, Máximo se interpone entre las dos figuras, presiente que un vendaval azotará aquella habitación.

Caminas arrastrando las hojas secas entre tus pies, recuerdas la frase de Leonor: *Todo redentor termina crucificado.*

Visiones blancas

Te acuestas sin probar la cena de Carmen. Emigras de ti mismo, en estos días, en que la depresión ha hecho mella. Renuncias a tu nombramiento como cónsul interino de Uruguay, a tu trabajo en las oficinas de Carranza. Te retiras del escenario político cubano. Con qué dolor tu mano escribe al general Gómez:

> *Un pueblo no se funda, General, como se manda un campamento: —y cuando en los trabajos de preparatorios de una revolución más delicada y compleja que otra alguna, no se muestra el deseo sincero de conocer y conciliar todas las labores, voluntades y elementos que han de ser posible la lucha armada, mera forma del espíritu de independencia, sino la intención, bruscamente expresada en cada paso, o mal disimulada, de hacer servir todos los recursos de la fe y de guerra, ¿qué garantía puede haber de las libertades públicas, único objeto digno de lanzar un país a la lucha, sean mejor respetadas mañana?*
> *¿Qué somos, general?: ¿los servidores heroicos y modestos de una idea que no se calienta en el corazón, los amigos leales de un pueblo en desventura, o los caudillos valientes y afortunados que con el látigo en la mano y la espuela en el tacón se disponen a llevar la guerra a un pueblo, para enseñorearse después de él?*

La epidemia del cólera está causando muertes en New York, Carmen teme por la salud de su hijo.

Debo evitar el uncirme de nuevo, con estos pensamientos que queman y estas visiones blancas que me empujan, a una mesa de comercio, en que me iría muriendo; por ser en ellas constante la brusquedad y el egoísmo, de los que en cada muestra y palabra me dan el corazón.

Carmen ignora la nube gris que pasa por tu mente. Ayuda en las traducciones para Appleton. Lee tus versos, orgullosa de ser tu esposa. Debes contarle lo de la ofensa, tu decisión de renunciar al consulado y a tu trabajo como oficinista, pero *está tan bella esta noche* que solo atinas a darle un beso y llevarla en brazos hacia el lecho.

Separación

La muerte de Manuel Mantilla te entristece. La otra Carmen está sola, ingrata vida que arrebata los padres a los hijos. Tu situación no es menos lamentable. Carmen se enteró de tu renuncia.

—El dinero que ganas en *La Nación*, es para Leonor —te dice—, y nosotros de qué vamos a vivir.

Carmen presiente días de soledad. El hambre ha de rondarla otra vez. No es la primera vez que decides sin contar con ella *y en el matrimonio en cuanto empieza a faltar la identidad, ya no cabe la felicidad.* Necesita el aire, las palmas y los sinsontes de la isla. Con los ojos llenos de lágrimas prepara el equipaje mientras promete un pronto regreso.

Los ves partir en el vapor *City of Washington*, la manito de tu hijo no se cansa de decir adiós. Un águila presurosa pasa por el mar, Carmen intenta una sonrisa.

Manuel ha muerto y Carmen se ha ido. Vuelves a la casa de huéspedes. La otra Carmen te espera.

Los lectores

Los lectores de *El Latino Americano* se preguntan quién es esa mujer llamada Adelaida Ral o Baralt que escribió aquella novela de amor y muerte. Solo una mujer atrevida puede crear un personaje como Lucía Jerez, capaz de sufrir y hacer sufrir. Los lectores están acostumbrados a las lágrimas, el odio, la envidia y los finales pocos felices.

Ibas a negarte, cuando Adelaida Baralt te pidió que cumplieras por ella el encargo de los editores del periódico, pero no era época para dejar escapar un trabajo, además, algunos personajes, como el que harías inspirado en tu hermana Ana, hacía tiempo rondaban tu mente.

Por el seudónimo nadie te reconocerá. Qué pensarán los que te atacan por no apoyar los planes de Gómez y Maceo, y los propios generales, si te descubren escribiendo una noveluca de amor.

Pero en mí no caben, mientras me quede átomo de vida, flojedad ni abatimiento. Llevo al costado izquierdo una rosa de fuego, que me quema, pero con ella vivo y trabajo, en espera de que alguna labor heroica o por lo menos difícil, me redima.

VÍA CRUCIS

Estás alejado de los asuntos de tu patria, ahora que deberías estar en la manigua, traduces una novela. Tu alma sufre, pero el hombre recto que hay en ti, espera.

Se necesita valor para mantener el silencio, casi nadie te comprende y, como tantas veces te alertó Leonor, tu crucifixión empieza.

No eres hombre de intrigas, por eso le pides a Enrique Trujillo que publique una nota en *El Avisador,* para reunir a tus compatriotas en el Claredon Hall y responder sobre tu conducta. Intentas convencerte a ti mismo:

—*¿Cómo serviré yo mejor a mi tierra? Yo jamás me pregunto otra cosa: y me respondo de esta manera: «Ahoga todos tus ímpetus: sacrifica las esperanzas de toda tu vida: hazte a un lado en esta hora posible del triunfo, antes de autorizar lo que crees funesto: mantente atado, en esta hora de obrar, antes de obrar mal, antes de servir mal a tu tierra so pretexto de servirla bien». Y sin oponerme a los planes de nadie, ni de levantar planes yo por mí mismo, me he quedado en silencio.*

Silencio que mata en una cárcel que es peor para ti que el presidio político, lejos de tu tierra, lejos de tu familia, de las calles adoquinadas que caminabas una y otra vez, atado todo tu cuerpo a una cadena más pesada que las del mismo Prometeo. Y Leonor, qué decirle, mejor era el silencio, aunque quemaba el alma.

Las intrigas son aliadas del silencio, a pesar de las explicaciones muchos te señalan con el dedo. Como aquella vez en Guatemala, empiezan los apodos, las burlas. Ya no tienes a Carmen a tu lado y María Granados está muerta. Solo falta que te tiren piedras, José, pero no vas a claudicar. Sabes esperar y esperas.

A las intrigas, la separación de tu esposa y de tu hijo, se sumará la muerte de tu padre. Caes en un abismo del que te cuesta salir, no estuviste a su lado para cerrarle los ojos. Y tus ojos se cierran, y ves al hombre arrodillado colocándote aquellas almohadillas, entregándote todo su dinero, cuando tu primer destierro a España, lo ves junto a Mercado en la estación de Buena Vista. En el muelle de Brooklyn, asombrado con la inmensa tienda *donde no hay que subir y bajar los escalones*, cuando de la mano del hijo pasa el puente de Brooklyn y suspira con las rosas del jardín, y brinda por la salud de Antonio, apagando las velitas del pastel de cumpleaños. El viejo se ha ido, te ha faltado tiempo para venerarlo, por eso una parte de tu vida también se va con él.

> *Pensé en el pobre artillero que está en la tumba callado: Pensé en mi padre, el soldado: Pensé en mi padre, el obrero.*

También se ha ido Rafael María de Mendive, tu maestro, tu amigo. Y vas huérfano de padre por el mundo con las manos clavadas y la frente llena de espinas pero, como Cristo, habrás de resucitar.

El grito

Estás enfermo, enfermo de cuerpo y mente. Y Carmen, con la ternura en las manos, pasa un paño frío por tu frente. Deliras, y en tu delirio un nombre la hace temblar de impaciencia. Carmen que está lejos, Carmen que está cerca. Y las dos Carmen se hacen una en la mente del poeta. Ya es tarde para el amor, Blanca, M. Rosario, Eloísa, María. Carmen, Carmen, Carmen.

La soledad de esta Carmen se acrecienta cuando ve el lugar del marido vacío. Todavía siente calor, suda bajo las sábanas en pleno enero. Es difícil para una mujer bella soportar su viudez, sin ser objeto de murmuraciones y calumnias. La mujer está sola, pero tiene hijos, y debe velar por ellos más que por su presente, que la hace pasar por duras pruebas, en el que se debate entre el amor y el deber.

Esta Carmen está sola y está a tu lado, el amor podría estar cerca en los ojos grises de José, que esta noche arde por la fiebre.

La mujer sola pega su cabeza a los labios, quiere despejar la incógnita, saber si es a ella o a su esposa, a quien llama el enfermo. La boca seca se agita, de la frente parece brotar una estrella y un grito ahogado detiene la noche: CUBA.

La hora parece llegada

Con dolor recibes la noticia; el plan Gómez-Maceo ha fracasado. Aunque sabías que habría de suceder, estás triste. No es fácil ver fracasar a dos hombres de su estirpe, y, después de tanta sangre, no haber alcanzado la libertad de Cuba.

Esperas un tiempo para echar a volar tus águilas. Otra vez has de escribirle al reputado general. Tu mano no tiembla, ya no eres el joven cronista que quiere escribir la historia de Céspedes, ni el desconocido cuya mejor carta de recomendación era su amor a la patria.

> *Cuba no es ya el pueblo niño e ignorante que se echó a los campos en la revolución de Yara, sagrada madre nuestra; sino un país donde lo que quedó de aquella generación, con todas sus experiencias y pasiones, se ha mezclado con la masa culta que trajo el conocimiento activo de la política de los países del destierro, y con la generación nueva, tan dispuesta a pelear por la patria, pagando así su deuda a los que por ello murieron, como a resistirse a pelear por una solución oscura y temible, en cuya preparación y fin no vean un plan grandioso, digno de su sacrificio.*

La hora parece llegada y tú, José, que tanto has esperado, no descansarás hasta que veas tu tierra libre.

No claudicas, debes convencer a Gómez, la patria espera por él como un patriota a quien debe obediencia. Intentas que el general convenza a otros, fundamentalmente a Maceo, al que también escribes.

Frustrar, fracasar, alardear, son verbos que quisieras borrar.

Acreditar, proceder, unir, impedir, reunir, repetirás una y otra vez, la acción, es imprescindible. Tu pluma habla por ti, por los muertos, por América…

El anillo

¿Y quién es esta anciana que vuelve hacia la mar? Desde cubierta, con manos arrugadas, hincadas de tanto coser, dice adiós a las hijas, a los nietos cuyas siluetas no logra delinear, y dice adiós a la isla donde también quedan sus muertos.

El mar se hace más azul como el deseo de ver a su querido Pepe. Su hijo está enfermo, hace días que no duerme, no escribe, y ahora la espera en el muelle.

Leonor baja despacio la escalerilla, parece que el tiempo se detuviera y el niño que regresa del Hanábana se lanzará en sus brazos. Es el mismo muchacho que se estremece al verla llegar bajo una lluvia de tiros, cuando le dice: «Vamos pronto, vamos, hijo».

Su mirada se enciende, y en casa vuelve a ser la chacharera afable y alegre, cuando saca de su bolsa un paquete bien envuelto donde trae una sortija hecha con el eslabón de la cadena que llevó su hijo en el presidio.

Hay que tener valor, para dejar atrás supersticiones y cumplir este encargo. Toma la mano temblorosa y lo coloca en un dedo que ya no será el mismo: *Yo uso un anillo de hierro y tengo que realizar proezas de hierro. El nombre de mi país está grabado en él, y he de vivir o morir por mi país,* le dices.

En tus ojos hay comprensión, solo un hijo muy especial es capaz de llevar un anillo como aquel, tan alejado del brillo que resalta en otras joyas.

El aro es bendecido por la madre, que en silencio vierte con el agua santa y más de una lágrima. De su aparente opacidad parece salir una luz que ilumina el rostro de Pepe. Ante sus destellos jura que nunca se desprenderá de esa pieza.

Y vuelve la cal, el látigo, el nombre de Castillo y Lino que han quedado para siempre en su memoria. Mariano ya no se arrastra, se yergue y le señala el camino.

El Teide está lejos. Leonor lo contempla desde su grandeza, quiere escupir fuego y hacer brotar amor. Solo por amor una canaria entrega a su hijo. Y Leonor te entrega a Cuba, que, como madre mayor, esta noche está de fiesta.

Sol de invierno

El tiempo sabe cuándo debe andar sin prisa, por eso estos días de Bath Beach se hacen tan largos. Es 17 de diciembre, cumpleaños de Leonor, y el sol, más que quemar, acompaña.

En la casa de la playa todo se mueve a su alrededor. Carmen no sabe qué hacer para halagarla. No la contradice en nada y como mujer tierna le pregunta por los nietos. A ella, que también ha perdido su esposo, le reconforta ver a esta anciana erguirse ante la adversidad y la muerte.

La canaria es imponente, obliga a Carmen a alejarse un poco de José y, aunque todos viven bajo el mismo techo, la santiaguera se cuida de cualquier demostración afectiva.

La madre no logra entender estos tiempos modernos en que una viuda vive con un hombre que es, además, casado. No ve con buenos ojos la ropa cada vez más atrevida que usan las mujeres en la playa. Sorprende en el rostro de la pequeña María sus propios ojos, pero no ha venido a censurar al hijo, sino a quererlo.

Juega con los hijos de Carmen, les cuenta historias de piratas que guardan tesoros. Allá, en Santa Cruz de Tenerife, junto a la ladera del Teide, que es el volcán más grande de toda España, hay un tesoro muy grande oculto. Cuentan que si un día alguien lo encuentra, la lava saldrá de la boca del volcán transformada en serpiente y se enroscará en el cuello del que tome el botín.

Pepe la mira asombrado, nunca pensó que su madre pudiera hacer cuentos. La escucha contar, con orgullo, que los canarios inventaron el juego del palo y su explicación de cómo se hace el molinete.

El hijo vuelve a ser niño y hasta cree las historias de la madre, aprovecha y le pregunta por su isla, y en esa lucha de los guanches por ser independientes, cree reconocer de dónde le viene el amor por la libertad.

Su corazón se regocija cuando ve las fotos de sus hermanas. La pequeña Antonia, más bella aun, tras parir su segundo hijo. Leonor pregunta por Lolita y Manuel, le gustaría ir a México, en cuya tierra ha quedado sembrada otra de sus flores.

La playa está casi vacía, tal parece como si ellos fueran los dueños absolutos de aquel sol y aquella arena por donde anda con cierta dificultad la anciana. Al atardecer está listo el pastel. La abuela debe apagar tantas velitas que pide ayuda a los niños. Luego inspirada por el mar, canta una isa:

A la mar, marinero, golpe a la lapa.
La mujer que yo quiero no se me escapa.
No se escapa, «niña», no se me escapa.
A la mar, marinero, golpe a la lapa.

El sol se esconde bajo un monte dorado. Leonor acaricia el pelo al hijo, le canta la misma canción con que lo dormía en la infancia. Su mano se torna bálsamo que hace desaparecer la nube gris de su frente. José recuerda a su padre, una sombra blanca pasa despacio por su lado, cierra los ojos, y sueña con piratas y tesoros escondidos.

La velada

Hace años que Leonor no se detenía ante el espejo, pero hoy es un día especial, quiere que los amigos de su hijo, que tan cortésmente han organizado la velada en su honor, la encuentren bella. Se le hace difícil reconocerse en aquella figura gruesa. Más de una arruga ciñe su frente. Sus ojos achinados ya no tienen el brillo de antes, le parecen más pequeños: —La vejez es fea —piensa.

La vejez no es más que la graduación de la vida, donde la belleza del alma y el cuerpo se unen para coronar una larga existencia. La mujer que se mira al espejo es bella, como horizonte de mar, así la ve José que la toma de la mano y le dice: «Se está haciendo tarde». La felicidad es egoísta, evita ver el dolor en los ojos de Carmen que no ha sido invitada. El lugar es elegante, está adornado con flores y banderas. Las mujeres respetuosas se inclinan al paso de la madre del presidente de la Comisión Ejecutiva, de la madre del hombre en cuyos hombros descansa el peso de una nación. Herminia Agramonte Simona, la hija de Amalia e Ignacio, canta y es como si en su voz cantara la patria ausente. Todo es respeto y alegría. Como si Cuba estuviera agasajando a su invitada. La orquesta toca un danzón compuesto especialmente para Leonor. Ella se pierde en la música y acepta la invitación de un valenciano gallardo y atractivo que responde al nombre de Mariano. Se pregunta por qué ha de merecer tantos mimos y observa la cara del hijo como si fuera la primera vez.

Cuando una madre se va

No sabes por qué, las palabras se ausentan de tus labios este día en que ha de partir Leonor hacia Cuba. Ella te persigue por los cuartos, te atiborra de recomendaciones y tú huyes, como quien huye de la luz. No quieres hablar, sabes cuáles son las frases de dolor que saldrían de tu boca y, después de estos dos meses más hermosos de tu vida, no dejarás que la tristeza la acompañe.

Si no ha de partir alegre al menos deseas que vaya tranquila, con el recuerdo de un hijo que, a pesar de la soledad, sueña y espera. Ella te mira, igual que cuando abandonabas la isla en tus dos destierros. Trata de esbozar una sonrisa, habla de que pronto Pepito estará a tu lado, y como único gesto aprieta la mano de la sortija hasta que la sirena del *City of Washington* anuncia la partida. Sientes unas ganas repentinas de tirarte al agua, de gritar. Pero las manitos de María, que te ha acompañado al puerto, te halan, y en la distancia las olas te dicen adiós en esta tarde de enero.

Sientes un vacío inmenso, tan inmenso que temes ahogarte en tu propio abismo. Miras la pluma en el tintero y escribes a tu amigo Manuel:

Mi hermano querido:

Hoy no hay carta. Mamá se acaba de ir, y, fuera de lo del deber del pan, tengo la mente vacía.

Otra vez el amigo viene a tu auxilio, cuando lees en aquel libro de pensamiento griego a Eurípides: «La vida no tiene un tesoro mayor que un amigo sincero».

No puedes escribir cartas, pero los versos salen de tu pecho como las mariposas cuando sienten llegar la primavera. Son versos sencillos. Te inspiras en la frase del filósofo griego y escribes:

Si dicen que del joyero
tome la joya mayor,
tomo un amigo sincero
y pongo a un lado el amor.

Enfermo más de amor que de dolor, la fiebre vuelve a hacer estragos en ti. Le pides a Carmen que te traiga agua y presientes en sus ojos un sentimiento al que no podrás corresponder.

Leonor se aleja. El alma de la madre se estruja como el pañuelo que lleva en la mano. No logra alejar los ojos grises del hijo. El mar oscuro presagia espanto. Si otra vez pudiera tomar el coche y salir en su búsqueda. Cada golpe de ola es un látigo, una voz que repite: Vamos, pronto, vamos, hijo.

HOY COMO AYER

La carta que acabas de recibir te hace pensar que esta vez sí han de ganar la guerra. Maceo te escribe con toda la gallardía de sus grados. Cuando un titán inclina su frente, la patria llora. La patria sabe de qué penas se duele el hijo. La patria lo sigue allá en su destierro de Honduras, lo alerta casi todas las veces que desean asesinarlo. Lo mima, sabe proteger, por eso después de verlo fracasar una y otra vez, dirige su mano en esa carta:

> *Hoy como ayer y siempre, Sr. Martí, y así puede Ud. comunicarlo a los señores que con usted firman esa carta que tanto me honran y que ha venido a endulzar un tanto la amargura de mi obligado ostracismo, hoy como ayer, pienso que debemos los cubanos todos, sin distinciones sociales de ningún género deponer ante el altar de la patria esclava y cada día más infortunada, nuestras disensiones todas y cuántos gérmenes de discordia hayan podido malévolamente sembrar en nuestros corazones los enemigos de nuestra noble causa.*

La patria, como madre mayor, no puede permitir que dos hermanos peleen, y ahora, que ha llegado el momento de la unión, el que ha ganado esta batalla de ideas sonríe feliz.

Has de trabajar mucho, como cónsul de Uruguay, Argentina y Paraguay. En New York, visitar los lugares donde se refina el petróleo, donde se negocia la carne y escribir, siempre escribir. Contestar a la ofensa de aquel periódico que se atrevió a injuriar a los cubanos. Reorganizar la Sociedad Literaria Hispanoamericana y ayudar a tus amigos negros de la Liga, que más que querer te veneran. Junto a Rafael Serra, Juan Bonilla, Germán Sandoval y Enrique Trujillo debes preparar a estos hombres para grandes empresas, para la libertad, no solo de Cuba sino también de Puerto Rico.

Necesitan recaudar fondos para enviarlos a Santiago de Cuba y adquirir la casa de José María Heredia, *el cantor del Niágara*. Viajar a Washington para participar en la Conferencia Panamericana y preparar los artículos para *La Nación*.

Estás exhausto, enfermo, tanta labor no te impide dejar de pensar en Carmen, no admites que no vuelva a tu lado y traiga a tu José. En versos que salen del alma cuentas tu historia, repasas tu vida.

Gente menor

Cada idea te renueva el alma. Cuando aún no sabes si la venta de *Ramona* te va a reportar el dinero que esperas, emprendes un nuevo proyecto que es más un asunto del corazón que de cifras. Desde el inicio aceptas trabajar para el editor D'Acosta en la revista que él llama *La Edad de Oro*, y todas estas noches escribiendo para la gente menor te hace sentir un niño más que se estremece y sueña.

José recibe carta de Pepe, es un dibujo que muestra un niño leyendo un libro, nada lo complace más que ver cómo el hijo crece a través de esas letras. Sus trazos cada vez son más maduros y el pícaro sabe con qué asuntos motivar al padre. Los dibujos están guardados en un álbum que tiene su fotografía. También los diplomas con sus notas y un mechón de su pelo. Tiene ganas de que regrese, pero no ha de pedírselo a Carmen, si ella vuelve ha de ser por su voluntad.

Tomas la pluma, y una traviesa niña escapa de tu mente. Prefiere jugar que aprender la lección de los trece. Vive sola con el padre, y es muy traviesa. Hablas a los niños como un padre, un amigo. Así hablas a María y a Carmina y hablarías a Pepe si estuviera contigo. Más que los cuentos, te interesan artículos que pueden aparecer en la revista. Escribes sobre

Bolívar, San Martín e Hidalgo, con todas sus virtudes y defectos. Preguntas y te preguntas: *¿Qué no le perdona un hijo a su padre?* Las páginas no alcanzan para todo lo que tienes por decir.

Los niños deben aprender a conocer su tierra, no quieres que los pueblos de América copien de Europa como comprobaste en tu estancia en Venezuela:

No habría poema más triste y hermoso que el que se pueda sacar de la historia americana. No se puede leer sin ternura, y sin ver como flores y plumas por el aire, uno de esos buenos libros viejos forrados de pergamino, que hablan de la América de los indios, de sus ciudades y de sus fiestas, del mérito de sus artes y de la gracia de sus costumbres.

Vuelves a México, Guatemala, Venezuela, pero esta vez tu canoa va más allá de la antigua Grecia, la tierra de los anamitas, se regresa hasta la Edad de Piedra o el moderno París y recordando a Leonor pasa por sus Canarias:

Los isleños de las Canarias, que son gente de mucha fuerza, creen que el palo no es invención del inglés sino de las islas; y sí que es cosa de verse

un isleño jugando al palo, y haciendo el molinete.
Lo mismo que el luchar, que en las Canarias les
enseñan a los niños en las escuelas.

Tendrá fuerzas tu madre para luchar, para soportar tanta ausencia y dolor. Dolor que le nació con la muerte de Pilar. Tu pluma vuelve a volar y escribes aquel bello poema que le debías a tu hermana. No, no sería ella la enferma. Pilar lucirá linda con su sombrero de plumas y aro, balde y paleta, *pero está con estos modos tan serios muy triste el mar…* recuerdas la Liga, de las niñas negras que no deben ser rechazadas, que no deben ser olvidadas como Leonor y sus penas.

Adiós

El niño de doce años seduce tu alma. Otra vez vivirán juntos. *Es tan bella tu Carmen, es aún tan bella*, pero temes que de tanto pesar en su alma, ya no se halle la estrella extraviada de aquel poema.

Carmen ya no es la de Chipancingo, cuando a pesar de dormir entre salvajes, bajo el cielo, azotada por los vientos, reía. Ahora su sonrisa es apenas una mueca de mujer triste, pero sus cuerpos se unen con la misma placidez que el río y el mar, con la misma fuerza con que cae el agua de la cascada.

Carmen trata de ser amable con la otra Carmen, que otra vez ofrece su casa de la playa, le cuesta dirigirle la palabra a la viuda, sospecha en ella una fuerte rival. Confía en su esposo, pero no en la soledad, en la ausencia.

José habla de sus planes como cónsul, del dinero que recibe por sus traducciones y artículos. No sabe por qué le oculta sus versos, sobre todo aquel que habla de una niña que murió de amor allá en Guatemala.

Van a fiestas, a tertulias literarias, donde Carmen está como ausente. Pareces un extraño, apenas tienes tiempo para hablar con ella. La playa es perfecta cómplice de amantes. Pasan los días y más de un águila por el mar que se muestra traicionero.

Carmen quiere huir, está cansada de siempre oír el mismo tema. Teme que Pepe crezca a tu lado y pase por tus mismas penas. No hay confianza, no hay diálogo, no hay amor. Y tú, que eres tan sagaz para los asuntos de tu tierra, que tienes esa visión casi profética del mundo, no adivinas, no intuyes, no hueles su desesperación.

Carmen deposita su confianza en Enrique. A espaldas tuyas van al consulado. España tiende su mano al complot, y una noche fría en la que te encuentras dando tus clases de español, mientras explicas las irregularidades del verbo «huir», tu esposa huye.

Tu alma destrozada, tu cuerpo enfermo. Por unos días no puedes levantarte de la cama. María apremia para que la lleves a pasear. Cuba te espera.

Alma destrozada

Pasan los días, en tus pulmones las hormigas están de fiesta, sientes ese dolor agudo que no te impidió tomar el tren para ir a Tampa. Es un lugar noble, donde los cubanos, en su gran mayoría tabaqueros, se preparan para la guerra. Llueve en Ivor City, y los cubanos te esperan.

Tu figura en la tribuna les hace sentir seguridad. Tu verbo inspira confianza, es la voz que necesitan. Con todos y para el bien de todos será la futura república que habrán de fundar. Por el honrado español, el negro, el tabaquero, el pino nuevo, el pino viejo y todo hombre de bien que esté dispuesto a cooperar por su patria.

Se reúnen, hablan de las bases y los estatutos de un partido revolucionario que debe agrupar a todos los cubanos. No te cansas, vas de casa en casa. Hay que unir, hay que convencer, hay que preparar. Tu cuerpo no puede seguir tus ideas; enfermas, y una cubana leal como ángel cuida tu sueño.

Deliras y en tu delirio ves a Leonor con un paño mojando tu frente, Leonor es ahora negra, sus dientes demasiados blancos sonríen para ti. De pronto, el bueno de Ruperto le dice Paulina, el doctor Barbarrosa ha llegado, y recuerdas que estás convaleciente en la casa de los Pedroso.

En New York te llegan noticias de intrigas y traición. Miguel Collazo escribe esa carta que, a pesar del dolor que apenas te deja escribir, te hace tomar la pluma y contestarle:

Amargo es el deber de censurar públicamente a quien desalienta a su pueblo en la hora en que parece que van a serle muy necesarios los alientos: más amarga me es, por mirar yo a todo cubano como hermano mío, la obligación de contestar la

infortunada carta que con fecha 6 de enero se sir-
vió usted de dirigirme, y me causó más pena que
enojo, porque en ella revela usted la capacidad de
ofender sin razón, y muestra su desconocimiento
lamentable de la obra de generosidad y de pru-
dencia con que la emigración, aleccionada por
los sucesos anteriores y posteriores de la guerra,
se dispone a no recaer en el divorcio y abandono
que Vd. y el autor de A pie y descalzo…

La fiebre te hace viajar otra vez en el *Alfonso XII*, oír a Roa, el «autor», llamarte Jesús inútil. Ahora esa misma voz pone en dudas tu valentía por no haber participado en la guerra que tanto criticó. Odias la hipocresía, pero odias más a los que se esconden tras el manto de patriotas y solo quieren dividir.

El dolor del pulmón aumenta después del esfuerzo físico y mental. Son días de noche y sol, pero siempre la luz triunfará sobre la oscuridad.

Camino de papeles

ubliquen, publiquen: A Cuba, a Cuba por todos los
P*agujeros, las guerras van sobre camino de papeles.* Tu
cuerpo sigue enfermo, si ayer eran los pulmones, hoy son
los intestinos. Tienes dolor de cuerpo y soledad, pero tus
ideas son fuertes, gozan de buena salud. Rafael Serra sugiere que descanses y ayuda con la distribución del periódico *Patria* que ha de llegar a todos los clubes de la emigración. El pobre Gonzalo no se cansa. Más que amigo es
sombra, presto a tomar tus dictados, cuando no puedes ni
sostener la pluma.

Andas a pie, pasas hambre, tu estómago está siempre
en constante protesta. Si no fuera por el chocolate caliente que te brinda Carmen al anochecer y por tus amigos
que aparecen con algo para alimentarte, hubieras muerto.
Aun así, te acusan de apropiarte de los fondos que con
tanto amor recaudas.

No saben tus enemigos que renunciaste a tres consulados que te pudieron convertir, si no en un hombre rico, en
uno acomodado. No saben que renunciaste al proyecto de
La Edad de Oro, por no querer adoctrinar a los niños. No
saben que tus amistades son los tabaqueros, los negros,
los más humildes.

El camino de papel te conduce a Juan Gualberto, el mulato amigo, que ya no sabe ni qué hacer para que te conozcan en Cuba y publica en *La Igualdad* palabras como estas:

> *Viene representando con noble desinterés las as-*
> *piraciones de los cubanos independientes; le busca*
> *amigos a su patria; une lo que se ve desunido; y*
> *enseña sin alarde a los necesitados de cariño y luz.*

Cariño y luz que no te faltan, a pesar de la soledad, el frío y el dolor.

Eres el delegado del partido, pero no delegas, trabajas tanto que apenas puedes escribirle a Leonor; sin embargo, la madre, esté lejos o cerca, es el sostén de nuestra vida. *Algo nos guía y nos ampara mientras ella no muere. La tierra cuando ella muere, se abre debajo de los pies.* Tus pies están firmes, mientras Leonor esté allá en La Habana, nada te hará perder el camino. No podrá matarte la depresión, si todas las noches sientes sus besos y tienes la patria que, aunque herida y llena de agujeros, también vive y espera por ti.

LOS ESPÍAS

El hombre se mueve tanto que los espías que andan tras él se quejan constantemente. Son bien pagados por el consulado español. A qué hora duerme, se preguntan. El agitador va de Ocala a Tampa, a San Agustín, viaja en tren, vapor, coche, sube y baja escaleras, por calles llenas y vacías, va de la ciudad a la playa y todavía dicen que está enfermo. Los espías exigen mejor paga.

A veces creen que el hombre es medio brujo. Cuando habla el silencio absoluto y sus palabras parecen taladrar los oídos. Los espías tratan de no oír, no quieren sentir simpatía por el hombre de la levita que, cuando se cruza con ellos, saluda y les pregunta si se les ofrece algo.

Poco saben de sus proyectos, sus métodos son callados. Sobornan al trabajador de la Western Union Telegraph Company para saber qué ha puesto en el telegrama: *Start long voyage tomorrow anxious see you come Front Street before 12 Wednesday carinoss,* no pueden entender, su inglés es muy precario, pero la palabra *voyage* les produce agitación. Adónde irá el cubano, que anuncia un cercano viaje. Los espías deben apurarse.

Cerca de allí a una niña casi la atropella el caballo de un policía. Se alborota la gente alrededor, el hombre toma a la niña y corre con ella en brazos. La madre lo sigue ahogada en llanto. La cara de la mujer le parece conocida a uno de los espías, es su hermana Luisa. En la casa de socorro, la niña sonríe en brazos del hombre. El espía, desesperado, le pregunta si se ha dañado la sobrina, quiere darle las gracias al que conoce tanto. El hombre se vira y le dice:

—Suerte que usted está siempre cerca.

Bon jour, Haití

Haití no te conoce como a Maceo, pero siempre hay una mano amiga, le envías un telegrama a Ulpiano Dellundé para que te espere en Cabo Haitiano, el día ocho. Tus ojos están azules de nostalgia ahora que sientes tan cerca a Cuba.

La pobreza destroza tu alma. Las calles fangosas no te recuerdan las adoquinadas de tu ciudad. La gente parece muerta. ¿Y es este el país de los negros libertos? Para encontrar respuesta visitas la tumba de Toussaint Louverture, pero está tan dormido que no escucha los quejidos de hambre de su tierra. Haití te exaspera el dolor. Te horrorizas cuando escuchas hablar sobre el juicio de una mujer que se ha comido a su hijo. No hay libro que cuente la historia de Gonaives, como si la pluma se negara a contar tanta tristeza.

Y vivo en el Club, con un racimo de haitianas a mi alrededor, pobladas de hijos, cuatro perros leprosos a mis pies, y un mono a la puerta. Sin embargo, te saludan: Bon jour, conmere. Y es que acaso se pueden tener buenos días en esta tierra, donde hasta las casas son leprosas. Besas a los niños. Repartes mangos, guanábanas, anones y plátanos. No sabes qué hacer para aliviar en algo tanta pena.

No es esta la libertad que quieres para los negros de tu tierra. Te preguntas *si no hay por aquí un alma quemante, que vaya de pecho en pecho llamando a la luz y saque a estos libertos míseros del miedo y la hipocresía.*

De eso hablarás al general, de tu proyecto de república que debe sacar al negro de la miseria para siempre, todos tendrán los mismos derechos, se educarán y han de trabajar unidos.

Tienes que apretar fuerte la mano para no dar más limosnas, no eres un Jesús inútil como te llamó Ramón Roa, simplemente no eres un Jesús. Pero algún día, tal vez, cuando Cuba fuera libre, tal vez, cuando Puerto Rico fuera libre, tal vez, tal vez, sería tu alma la llama que vaya de pecho en pecho llamando a la luz.

La Reforma

La ingratitud probable de los hombres es poca ofrenda cuando se promete el placer del sacrificio. José lo sabe. Va pensativo en su caballo de Cabo Haitiano a Santo Domingo. Allí ha de entrevistarse con Gómez, que ha sido electo General en Jefe del Ejército Libertador. Va a paso lento, pero seguro de que esta vez habrá un entendimiento entre ambos.

El camino es largo y polvoriento. Pasa la noche en Montecristi, una noche oscura y calurosa, los mosquitos apenas le permiten dormir. De mañanita, con la fresca, vuelve a subir al potro. La Reforma es una pequeña finca donde Manana se siente segura, lejos de las balas y la manigua; Máximo toma el machete solo para cortar las malas hierbas y la leña con que ha de avivar el fuego.

La mujer es infeliz, no se conforma con ver a la familia reunida. Aguarda al que ha de traer la noticia de que otra vez el marido se irá; ese hombre que todos los días se levanta a ordeñar la vaca, con la vista perdida, como quien espera algo, no es su Máximo, no puede con su inquietud, no puede con su ausencia.

Un caballo se detiene frente al corredor. Manana escucha preguntar por Gómez y mira desde lejos al jinete. Con esa estampa de hombre de bien solo puede ser el abogado que hace tiempo esperan. Un brillo no usual tiene el esposo en los ojos. Manana oye cómo lo llama general y tiembla. Se acerca sigilosa y escucha:

—*Los tiempos grandes requieren grandes sacrificios; y yo vengo confiado a pedir a Ud. que deje en manos de sus hijos nacientes y de su compañera abandonada la fortuna que les está levantando con rudo trabajo, para ayudar a Cuba a conquistar su libertad, con riesgo de la muerte:*

vengo a pedirle que cambie el orgullo de su bienestar y la paz gloriosa de su descanso por los azahares de la revolución, y la amargura de la vida consagrada al servicio de los hombres.

Manana no tiene que oír la respuesta para saber lo que dirá:

—*En cuanto al puesto que se me ha señalado al lado de Ud., como uno de los más viejos soldados del Ejército Libertador de Cuba, para ayudar a continuar la obra interrumpida, tan señalada honra, tan inmerecida confianza, no tan solamente deja comprometida mi gratitud, sino que al aceptar como acepto tan alto destino, puede estar seguro, que al dejarlo enteramente cumplido consagraré todas las fuerzas de mi inteligencia y de mi brazo, sin más ambición, y sin otro interés, que dejar bien correspondida, hasta donde alcance la medida de mis facultades, la confianza con que se me honra y distingue.*

Confianza tiene la mujer en su hombre, por eso va a su lado y lo abraza. Mira al de la cara noble y le ofrece una sonrisa: Usted debe ser Martí, el delegado. Y en su mirada hay más amor que reproche.

José, más que mirar, contempla al general junto a la familia. Conoce a sus dos hijos pequeños, Máximo y Urbano. Vuelve a saludar a Panchito, que no sabe por qué le recuerda tanto a Pepe. Tal vez no debí venir, piensa, pero cuando el mambí aprieta su mano, ve en sus ojos la herida de Calixto, la fortaleza de Maceo, escucha el grito de Viva Cuba independiente.

La anciana

En Jamaica cumplirás un viejo sueño, visitar a Mariana Grajales, la madre de los Maceo. Siempre has tenido curiosidad por ver el rostro de la mujer que mandó a todos sus hijos a la manigua. La madre de Antonio, a quien un día dijiste que tenía que ser como era, porque era hijo de leona.

El pañuelo en la cabeza no puede esconder las canas que veneran a la madre. La vejez se rinde ante estos ochenta y cinco años que saludan con hidalguía a los que aman a la patria.

Los ojos te miran como a un hijo y te preguntan: ¿Cuándo volveremos a alzar el machete? Te mueven toda la ternura, todo el recuerdo de Leonor, que te mira como al hijo que teme perder, que te reprocha la falta de tus cartas. Los ojos te miran, y ves en ellos el grito legendario: No quiero lágrimas. Y miras más allá de las ropas para descubrir el secreto de un vientre que parió hijos de bronce. Leonor llora y camina bajo las balas. Mariana se abre paso en la manigua. Leonor limpia la herida que ha dejado el grillete en el tobillo. Mariana limpia la sangre en el pecho del hijo. Mariana ve morir a Marcos. Leonor a Mariano. Mariana quería que el joven de la levita se llevase alguna cosa de sus manos. Leonor te entrega el anillo.

Las madres se elevan sobre sus penas. Siempre diciendo adiós.

Trago amargo

José está feliz después del discurso. Las actividades de propaganda y agitación revolucionaria marchan bien en Tampa. Ahora disfruta de la cena que tan gentilmente le han preparado sus compatriotas; la carne está amarga, toma la botella de vino Mariani y se sirve una copa que habrá de reconfortarlo. Una copa de vino nunca está de más para aliviar el frío, calentar el cuerpo, avivar el alma.

El vino está avinagrado, ácido, rápido devuelve el sorbo, aunque alguna que otra gota cae en el destruido estómago. Antes de que se desmaye lo llevan a la pensión de los Barroso.

Paulina va a la cocina y prepara un cocimiento, se acuerda de su madre María Carabalí que la enseñó a curar con las hierbas del monte. No es mucho lo que tiene a su alcance, pero al menos logra que José vomite todo lo que hay en su estómago.

Pasan los días y las noches se alargan. La muerte lo visita todos los días. En su letargo, Martí escucha la voz de una gitana: *Morirás en dos ríos.*

Estuve a punto de morir asesinado, piensa. Recuerda aquella frase de Antonio Pérez que le gusta tanto: «Solo los grandes estómagos digieren veneno», sabe que el suyo está lejos de esa verdad. Su estómago es débil, padece de perturbaciones gástricas que cada día le hacen más difícil la digestión, y, como si fuera poco, también de anemia.

Las enfermedades no le impiden tomar el tren e ir de un lado a otro, a pesar de las recomendaciones del doctor Barbarrosa, y continuar viaje a New York, donde llega enclenque, *y feliz, porque vamos de prisa por el mar azul.*

Sin reposo

No hay reposo para el cuerpo que se burla de la enfermedad. Son años agitados, años que van a galope. Uniendo corazones, voluntades. Recogiendo un poco de dinero aquí, un poco de dinero allá. Esta lucha que no es cara a cara es peor que la manigua. Contra los integristas, los autonomistas, la calumnia. Contra la ausencia.

Otra vez, tomas un vapor, y viajas por Las Antillas. Otra vez, tu isla cerca. Leonor, tus hermanas, Pepe, y alguien más que ha causado más de un destrozo a tu alma. Además de Gómez, ahora cuentas con el apoyo de Maceo, que ha renunciado a todos sus compromisos con el gobierno de Costa Rica para ponerse al servicio de la patria que representas. Ya no eres un desconocido. Para los españoles eres un agitador.

Maceo sabrá ser recíproco; María, la esposa, no se cansa de hablarle de ti: En él tendrás un aliado no solo para organizar la guerra, sino también contra las intrigas y calumnias: *El Sr. Martí consagra todo su tiempo a la causa, sin otra recompensa que la censura imprudente.*

Ya nada detiene tus pasos, que te llevarán otra vez a México junto a Mercado y los suyos: *A mí, a veces, se me llena de lágrimas el corazón.*

Aunque el corazón se te destroza con el fracaso de La Fernandina, como un niño chiquito nervioso le dices una y otra vez a Gonzalo, Collazo y Mayía que no tienes la culpa. Vuelves a levantarte y, sin reposo, continúas tus pasos.

Una carta

A pesar de los cuidados de Juan Sánchez Fernández, los ojos de Leonor cada día ven menos. No hay lentes que le devuelvan la visión. El médico trata de cumplir con el pedido del amigo ausente y la atiende como a su propia madre:

Sé lo que haces por mi madre, y lo que vas a hacer. Trátamela bien, que ya ves, no tiene hijo. El que le dio la naturaleza está empleando los últimos años de su vida en ver cómo salva a la madre mayor.

De día ayuda a Antonia y a sus demás hijas, juega con los niños, aunque sus piernas se hacen más pesadas, Leonor saca fuerzas para no ser una carga para la familia. El correo se ha convertido en verdadera obsesión, ya no le reprocha a Pepe, solo espera.

Como acostumbra a hacer en los últimos años, Amalia toma en sus manos la carta de Pepe y, antes de leerla a su madre, repasa aquellas líneas del hermano, al que no ha vuelto a ver:

Madre mía:

Hoy, 25 de marzo, en vísperas de un largo viaje, estoy pensando en Vd. Yo sin cesar pienso en Vd.

Vd. se duele, en la cólera de su amor, del sacrificio de mi vida; y ¿por qué nací de Vd. con una vida que ama al sacrificio? Palabras, no puedo. El deber de un hombre está allí donde es más útil.

Pero conmigo va siempre, en mi creciente agonía,
el recuerdo de mi madre.

Es difícil, para la mujer, leer esa carta, a la madre que con desesperación espera:

Madre querida:

Todos los días pienso en Ud. Su recuerdo siempre me acompaña. Pronto estaremos juntos. No le escribo mucho, porque un trabajo nuevo me ocupa todo el tiempo. Bese a mis hermanas y sobrinos, la quiere,

Pepe.

Leonor ha notado el temblor en las palabras de la hija, sabe que miente. Al menos, su hijo está vivo, y eso para una madre es más que bálsamo para el dolor.

La firma

Athos te llevará a Inagua en pos de Gómez, que te espera en Santo Domingo. En Montecristi se escucha el grito de independencia. Ya Cuba está en pie de guerra.

Te parece mentira, José, y mientras tus manos toman la pluma para firmar el programa de la revolución, tu mente está con tu padre en el Hanábana, y recibes otra vez una bofetada al ver aquel negro colgar del ceibo del monte. *¡Y, al pie del muerto, juró lavar con su vida el crimen!* Ves desfilar ante ti a Lino, Castillo, aprietas tu sortija de hierro y Leonor viene. Céspedes, Agramonte, Calixto, Flor, Juan Gualberto, están a tu lado, y Fermín, Rafael, Serra, Gonzalo, los Maceo y tantos otros. Como hadas las

Marías te sonríen y tus dos Carmen te dan un beso. En los ojos de Panchito ves los ojos de tu Pepe. Firmas, y es como si firmara la patria que te apremia:

¡Vamos, pronto, vamos, hijo!

La travesía

El carguero alemán *Nordstrand* lleva una carga pesada con destino a Haití y Santo Domingo. Es un buque fuerte, acostumbrado a las travesías difíciles, pero le cuesta trabajo echar anclas cuando suben seis hombres en Montecristi con un destino incierto.

Martí y Gómez son los primeros en embarcar, acompañados de Francisco Borrero Lavadí —*Paquito*—, Ángel Guerra Porro, César Salas Zamora y el dominicano Marcos del Rosario Mendoza.

Martí mira al mar, sus ojos grises nunca han estado tan inquietos, el viejo mambí pasa la mano por su hombro y le pide paciencia, pronto estarán en Cuba.

El recuerdo de la Isla se hace palpable, su olor, su vegetación, su clima, es un caimán que comienza a despertar. Para Gómez es la manigua, Clemencia, Palo Seco, Maceo, las balas enemigas, la primera carga al machete. Para Martí es Mariano, Leonor, Mendive, sus hermanas a las que no ve hace más de veinte años, La Habana con la Alameda de Paula, la calle que lo vio nacer, Carmen y José. Para ambos es honor y vergüenza, urgencia de expulsar al español, la república.

Son las ocho de la noche y el carguero se detiene. El mar está agitado como quien presiente que algo va a pasar. Mientras, el capitán del carguero casi implora:

—El mar está bravo, no sean locos, sigan viaje con la tripulación y no se lancen a una muerte segura.

Gómez es el primero en descender al botecito que lucha contra la furia de las olas, uno de los hombres casi cae al agua, pero no es Martí; su paso es seguro, se sienta en la proa y toma un remo.

Llueve grueso al arrancar. Rumbamos mal. Ideas diversas y revueltas en el bote. Más chubasco. El timón se pierde. Fijamos rumbo. Llevo el remo de proa. Salas rema segundo. Paquito Borrero y el General ayudan de popa. Nos ceñimos los revólveres. Rumbo al abra. La luna asoma, roja, bajo una nube arribamos a una playa de piedras.

Entre Maisí y Guantánamo, cerca de Cajobabo, la playita los estaba esperando.

Martí quiere besar tierra, pero no hay tiempo para romanticismos, hay que descargar el bote. Mira al mar, todo está oscuro como boca del diablo. La lluvia golpea su rostro, es una lluvia fina que más que golpear acaricia. Se le dificulta caminar en el pedregal. El diente de perro parece abrir sus fauces y taladrar los zapatos. Le arden las manos, las ampollas hacen nidos en la piel. La mochila pesa y tiene hambre, pero está feliz como nunca. Apura el paso. Gómez le tiende la mano. Ahora eres parte de la tropa que debe ir en *zigzag*. Un cocuyo gigante pasa. La luz de la libertad les da la bienvenida.

LEONOR Y LA NOCHE

Las noches en tu patria tienen un color diferente, la luna llena ilumina y deja ver la lechuza que vuela libre en el monte. Dicen que su canto anuncia la desgracia, es un ave mustia, taciturna, que no tiene los colores del tocororo, es un ave gris, pero te sientes en casa, estás feliz, extrañamente feliz de oír los sonidos del monte.

No sabes por qué ese olor a lluvia, a tierra mojada, te hace recordar tu infancia, el verde es el mismo, los grillos parecen no ponerse de acuerdo, mientras una mariposa nocturna revolotea a tu lado. Piensas en Leonor, como le escribiste en la última carta, siempre estás pensando en ella, en los sacrificios de Leonor, en sus reproches, en su fortaleza.

Leonor se parece a la noche, se ha vuelto lechuza que revolotea taciturna alrededor de los nietos, lechuza sabia que no duerme temiendo siempre una mala noticia.

Leonor y Cuba, Cuba y Leonor, y otra vez eres el adolescente que escribe *Abdala* y ella sigue siendo Espirta, pero ahora sabes que el amor a la patria también es el amor a la tierra, y a la hierba que se pisa, el odio sigue siendo el mismo hacia el que la ataca, y no te arrepientes de nada, y sabes que CUBA y LEONOR son una sola y que algún día, cuando la guerra termine y termine esta creciente agonía, cuidarás de ella con mimo y con orgullo porque no son inútiles la verdad y la ternura, y la noche dejará de ser eterna.

Se cumple la profecía

La lluvia cae sin cesar este día de mayo en el que las flores aún se niegan a abrir. Leonor ve una nube gris que amenaza con oscurecer la casa. Los niños quieren bañarse en el aguacero, la abuela los regaña. No le gustan los días grises que desde niña le recuerdan noticias de naufragio. La lluvia mató a María del Pilar y empeoró la tos de Mariano. Llueve en San Cristóbal de La Habana, y la madre se pregunta: ¿dónde estará el hijo ausente?

José se siente seguro al lado de Ángel de la Guardia, su escolta. No es el Capitán Araña, no ha de permanecer a salvo cuando los otros luchan. Es el Mayor General, el que organizó la guerra, desobedece las órdenes de Gómez, su grito estremece la manigua: ¡Vámonos, allá adelante!

Adelante están el honor, la vergüenza, la patria, el enemigo. Adelante está Dos Ríos y la profecía de la gitana.

Leonor detiene al pequeño que quiere bañarse en la lluvia. Un dolor sorprende su pecho, y cae al suelo desmayada.

De las tres balas que tocaron tu cuerpo, ninguna dolió más que la que te partió el esternón. Tu revólver de cachas de nácar quedó suspendido en el aire, la voz de Leonor se alzó entre el silbido de los disparos:

VAMOS, PRONTO, VAMOS, HIJO…

EN EL BALCÓN AQUEL

LEOPOLDO ULLOA, EL BOLERO MÁS LARGO: SU VIDA

DULCE SOTOLONGO

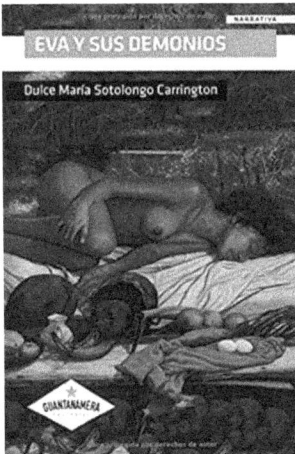

DULCE SOTOLONGO

La Habana, Cuba

Editora, periodista y narradora cubana. Graduada de Filología en la Facultad de Artes y Letras de la Universidad de La Habana.

Entre sus libros publicado: *Té con limón* (Ed. Oriente, en el 2001), en coautoría con Amir Valle Ojeda, entre otras; *Agustín Marquetti No. 40* (Ed. Extramuros, 2008) y *En el balcón aquel* (Ed. Unicornio, 2009); *Páginas de mi diario* (Ed. Bayamo); *Cuentos de payaso* (Ed. Extramuros); *Eva y sus demonios* (Ed. Guantanamera); *En el balcón aquel* (Ed. Unos&OtrosEdiciones, 2018).

OTROS TÍTULOS

Ángel Velázquez Callejas (Cuba, 1964). Dr. en Ciencias Históricas y Antropológicas. Lic. en Historia (Universidad de Santiago de Cuba, 1984). Bachelor of Arts in History (USAX, Florida, 2002). Es ensayista, escritor e investigador.

El historiador Ángel Velázquez Callejas escribe nos entrega un importante ensayo: *Vida y forma en José Martí: la evolución espiritual del hombre arrogante a homagno*, con la intensión de reconstruir aquellas ideas de la filosofía vitalista del apóstol de la independencia de Cuba.

José Martí anunció en dos oportunidades la elaboración del libro *El concepto de la vida*, sobre el sentido de la vida. El 24 de abril de 1880 escribió a Miguel Viondi desde Nueva York: «Tengo pensado escribir, para cuando me vaya sintiendo escaso de vida, un libro que se ha de llamarse: *El concepto de la vida*».

La hagiografía martiana no encontró la conclusión del proyecto de libro. Nunca apareció el libro. La sospecha de que Martí renunció deliberadamente a tal proyecto es algo probable. ¿Cómo escribir sobre la vida, cómo limitar la vida a la escritura? ¿Se dio cuenta del absurdo, el sinsentido de establecer límites a la vida? ¿Debió comprender que mediante el lenguaje no podía plasmar el misterioso flujo de la vida?

En este sentido apunta el autor, reconstruyen lo que pudo ser el libro secreto de José Martí: *Sobre el concepto de la vida*.

JOSÉ MARTÍ
LA EVOLUCIÓN ESPIRITUAL DEL HOMBRE
ARROGANTE A HOMAGNO

ÁNGEL VELÁZQUEZ CALLEJAS

CARLOS RUIZ DE LA TEJERA

LA FUERZA DE LA VOCACIÓN
Joao Fariñas

Joao Pablo Fariñas González (La Habana, 1979)

Licenciado en Lengua Inglesa. Periodista, director de documentales y editor web. Autor de los volúmenes *Dos Décadas de Música, el Sonido analógico de 1960 a 1980* (2011) y *El Largo y Tortuoso Camino de los Beatles* (2015), ambos publicados por la editorial Arte y Literatura.

Como el respeto que la muestra lo merita, Carlos Ruiz de la Tejera comienza a contarle su vida al periodista cubano Joao Fariñas, quien es hijo de un buen amigo suyo Serrado en la casa de El Vedado, rodeado de recuerdos, souvenirs, cuadros y premios, el reconocido comediante cubano tejió en un tono coloquial porque tiene más de conversación que entrevista, los infinitos 82 años de su existencia y los más de 50 de carrera artística. Su familia y su infancia, los inicios artísticos desde sus estudios primarios; cómo abrevó su carrera de ingeniero con la actuación hasta decidirse por el arte; sus múltiples y exitosas giras internacionales y nacionales; sus anécdotas y recuerdos de las personalidades más importantes de la cultura cubana donde da vida a Nicolás Guillén, Vicente Revuelta, Tomás "Tití" Guillermo Alea, y muchos otros que, junto a él protagonizaron más de media siglo de teatro y cine cubanos; y sobre todo, la génesis y triunfo de su Peña, una singular mezcla de música, versos y monólogos humorísticos que mantiene con su estilo personal hasta sus últimos días y que llevó a muchos rincones de la Tierra.

Carlos Ruiz de la Tejera revive imágenes en su propia voz, en este testimonio biográfico de quien fuera uno de los más reconocidos y consagrados comediantes de Cuba y Premio Nacional de Humorismo 2006. Con una taza de té en una mano y la otra en el corazón recibiendo el Padrenuestro Latinoamericano con la voz entrecortada de la emoción, Ruiz de la Tejera, obsedió el privilegio, ámbito, a Joao Fariñas de ser testigo excepcional, durante semanas, de la historia de su vida contada en primera persona. Una intensa vida artística impulsada por la fuerza de la vocación.

UNOS & OTROS
EDICIONES

Barcode Area
We will add the barcode for you.
Made with Cover Creator

Un viaje al África, tierras del Congo donde el autor descubre en la población nativa de la *Selva de la Mayombe*, una similitud con las prácticas religiosas que perviven en Cuba. No podemos definir este libro como un ensayo, más expone interesantes aspectos de la convivencia y orden social de los *Bakongos*, sus coincidencias con la religión *Cristiana*, así como el polémico tema de la resurección y el dialecto de los *Paleros*.

Manuel Álvarez Ferrer (Cuba, 1955); Profesor de física. Ha publicado Ártículos en las revista *Educación* y *Juventud Técnica* . Como innovador, ha sido premiado en tres ocaciones con la más alta distición que otorga Cuba en la esfera científico técnica. En el África tuvo su impronta y es el contacto con sus nativos lo que lo motivó a escribir este libro.

UNOS & OTROS
EDICIONES

RÁICES DEL PALO MONTE EN CUBA
Manuel Álvarez Ferrer

Ochenta años después de la muerte del proxeneta Alberto Yarini, ocurrida por motivos pasionales en 1910, en el barrio de San Isidro, un joven historiador visita la tumba del legendario chulo para cumplir una promesa contraída con un amigo. Un misterioso búcaro que siempre tendrá flores frescas sobre el sepulcro del proxeneta, le estimula a emprender una investigación en la que afloran vivencias de la vida del protagonista Luis Fernández Figueroa y su relación con el mítico personaje.

Miguel Ángel Sabater Reyes (La Habana, 1960), Licenciado en Filología en la Facultad de Artes y Letras de la Universidad de La Habana. Ha publicado *Cuentos Orichas* (Extramuros), de la Editorial Unos&Otros los títulos, *Crónicas Humorísticas cubanas* (2014), *Los últimos días de Jaime Parragás* (2013), *La Virgen de Regla y Yemayá* (2014).

Su novela es en verdad apasionante, y se estructura de forma singular.
El Nuevo Herald / Olga Connor

Escrita por un historiador e investigador sagaz, la novela nos deja una admiración contenida que alimenta la llama de un mito que el tiempo no podrá apagar, a pesar de inútiles y continuas explicaciones.
Eusebio Leal Spengler, Historiador de La Habana.

FLORES PARA UNA **LEYENDA, YARINI** EL REY DE SAN ISIDRO

MIGUEL SABATER REYES

FLORES PARA UNA LEYENDA

MIGUEL SABATER REYES

UNOS&OTROS
EDICIONES

MIGUEL ÁNGEL SABATER REYES

(La Habana, 1960), Licenciado en Filología en la Facultad de Artes y Letras de la Universidad de La Habana. Ha publicado *Cuentos Orichas* (Extramuros, 2003); *Flores para una Leyenda* (Bolodo Ediciones Unos, 2005); de la Editorial Unos&Otros los Títulos, *Flores para una Leyenda, Yarini el rey de San Isidro* (2013), *Los últimos días de Jaime Parragás* (2013), *La Virgen de Regla y Yemayá* (2014).

El autor valiéndose del cuento o la crónica recrea situaciones de Cuba en un género literario muy peculiar; al costumbrismo asociado con los ingredientes que en cada época han caracterizado a la sociedad cubana. En un redescubrir Cuba desde tí hasta nos conduce a la reflexión a través de las situaciones y personajes de la vida cotidiana.

CRÓNICAS HUMORÍSTICAS CUBANAS

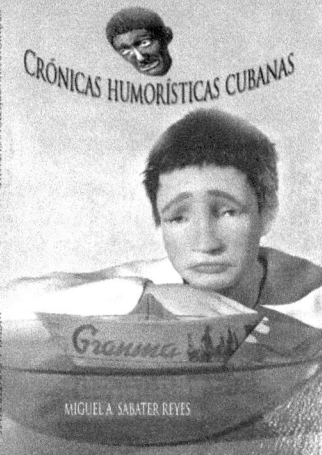

CRÓNICAS HUMORÍSTICAS CUBANAS

MIGUEL A. SABATER REYES

MIGUEL A. SABATER REYES

UNOS&OTROS
EDICIONES

EN EL BALCÓN AQUEL

LEOPOLDO ULLOA, EL BOLERO MÁS LARGO: SU VIDA

DULCE SOTOLONGO

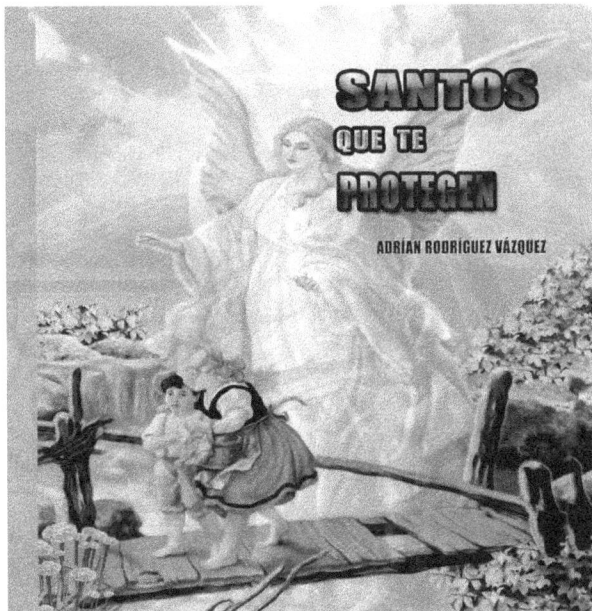

SANTOS QUE TE PROTEGEN

ADRIÁN RODRÍGUEZ VÁZQUEZ

Miguel Sabater Reyes

Llegados a Cuba después de la conquista de América, los orichas africanos se adaptaron a las nuevas condiciones y esperaron el momento oportuno para mostrar sus divinas virtudes y sus humanos defectos a través de las leyendas o *patakies*. Las breves historias que contiene este libro trascienden el marco litúrgico y sirven de fuente inspiradora al autor quien, habiendo tomado de las legendarias tradiciones afrorreligiosas, también se ha tomado su licencia de para recrear los mitos.

El negro, que humaniza cuanto le rodea, hasta las cosas más insignificantes y aparentemente inanimadas, sólo aparentemente, concibe a los Orichas y dioses, personales, sobrenaturales y omnipresentes, y a los espíritus a su imagen y semejanza. A su más pobre semejanza. Las pasiones son las mismas en este que en la divinidad cuya protección implora; tienen pues la divinidad y el hombre, las mismas apetencias y necesidades. Lo que al negro complace, produce igual satisfacción material a un dios o a un espíritu; un chorro de aguardiente de caña (...) oti, el que es tan apreciado y que tanto se estimaba en toda Güinea, un tabaco y unas rosas...

Lydia Cabrera

CUENTOS DE ORICHAS

HISTORIA DE LA SANTERÍA CUBANA

Historia de la santería cubana, no es un libro más de los muchos que, desde la década de los 90, se han publicado en Cuba y el resto del mundo sobre el tema. Se trata de un estudio que aborda las formas tradicionales de la santería con las variantes asumidas en la sociedad cubana desde su introducción en la isla hasta nuestros días. Aplicando el análisis que vincula aspectos de diferentes disciplinas como la antropología y la sociología, el autor reflexiona en temas como la instauración del imperio yoruba, el proceso ritual de iniciación personal, el código ético e identitario de la Regla de Ocha, definición de Oricha, orígenes del sistema oracular del Ifá, entre otros, para ofrecernos en estos trece ensayos, una variedad de puntos de vista sobre un fenómeno tan consustancial a la idiosincrasia cubana como son las tradiciones afro- religiosas.

Nelson Aboy Domingo (Cuba, 1948), Lic. Teología Instituto Superior de Estudios Bíblicos y Teológicos, ha cursado numerosos diplomados en Antropología y Etnología. Sus estudios se han enfocado, principalmente, en las religiones afrocubanas. En este campo destacan títulos como Nuestra América Negra, Territorio y Voces de la Interculturalidad Afrodescendientes.

Es miembro de la Unión de Historiadores de Cuba y colaborador de distintas instituciones culturales, Presidente del Consejo Científico de La Casa Museo de África adjunto a la Oficina del Historiador de la Ciudad de La Habana, Miembro Permanente de The National African Religion Congress Philadelphia, California, EE.UU.

NELSON ABOY DOMINGO

HISTORIA DE LA SANTERÍA CUBANA

HISTORIA DE LA SANTERÍA CUBANA

NELSON ABOY DOMINGO